Das Wachstumsprinzip

Das Wachstumsprinzip. Das Wirken von Pater Tilmann Beller in Österreich – am Beispiel von zwölf Begegnungen

Von Richard und Ingeborg Sickinger, fam@sickinger.com
Edition Himmelwärts, Wien 2014, 1. Auflage

Fotos: Michael Fuchs, Gerald Karner, Stefan Keznickl, Bruno Mucha, Christl Riedl; Archiv
Graphik Seite 6: Jyoli Bhatt
Layout: Richard Sickinger
Korrekturlesung: Christl Riedl, Stefan Keznickl

Druck und Bindung: Facultas Verlags- und Buchhandels AG, Stolberggasse 26, 1050 Wien

Printed in Austria

Richard & Ingeborg Sickinger

Das Wachstumsprinzip

Das Wirken von Pater Tilmann Beller in Österreich – am Beispiel von zwölf Begegnungen

Edition Himmelwärts

Inhalt

Die Heilige Stadt, Bild in der Hauskapelle im Provinzhaus der Schönstatt-Patres.

Mit dem Himmelreich ist es wie mit einem Senfkorn, das ein Mann auf seinen Acker säte. Es ist das kleinste von allen Samenkörnern; sobald es aber hochgewachsen ist, ist es größer als die anderen Gewächse und wird zu einem Baum, sodass die Vögel des Himmels kommen und in seinen Zweigen nisten.

Die Rede über das Himmelreich
Matthäus 13,31-32

Vorwort

Unsere stille Lieblingsidee

Der 18. Oktober 1914 – eine Kapelle in dem kleinen Ort Schönstatt bei Vallendar am Rhein. Pater Josef Kentenich, ein 28-jähriger Priester, erklärt rund 50 Schülern seine „stille Lieblingsidee“:[1] Die Gottesmutter möge an diesem Ort als Erzieherin der Jugend wirken, sie möge „die jugendlichen Herzen an sich ziehen“ und formen „zu brauchbaren Werkzeugen in ihrer Hand“.

Eine Wachstumsstory

100 Jahre später feiern einige Millionen Menschen in allen Erdteilen das 100-jährige Jubiläum der internationalen Schönstatt-Bewegung – eine faszinierende Wachstumsstory! Sie halten gerade ein Buch in der Hand, das einen kleinen Ausschnitt aus der großen internationalen Wachstumsstory

[1] Zitate im Vorwort aus „Schönstatt: Die Gründungsurkunden“, Schönstatt-Verlag.

beschreibt, das Wirken des Schönstatt-Paters Tilmann Beller in den 1970er und 1980er Jahren in Österreich.

Unsere stille Lieblingsidee
Gerne möchten wir diesem Buch unsere „stille Lieblingsidee“ mitgeben: Möge es einen Beitrag zu einem „neuen Miteinander“ in der Gesellschaft leisten, ein neues Miteinander, das die heutige Zeit so dringend braucht.
In den Zeugnissen über das Wirken Pater Bellers wird immer ein Lebensvorgang beschrieben: Man geht von ihm als anderer Mensch weg, als man gekommen ist. Man versteht sich selbst besser, man ist ermutigt, man erkennt seine persönliche Sendung klarer.

Wachstumsimpulse
Unsere stille Lieblingsidee konkret: Wachstumsimpulse! Wenn es uns, der Schar der Leser dieses Buches gelänge, den Menschen, denen wir begegnen, persönliche Wachstumsimpulse zu schenken, so wie das Pater Beller geschafft hat – das führt in der Tat zu einem neuen Miteinander! Dabei nimmt uns der Gründer der Schönstatt-Bewegung, Pater Josef Kentenich, die Angst vor kleinen Schritten: „Wie oft war in der Weltgeschichte das Kleine und Unscheinbare die Quelle des Großen und Größten.“
Wir haben Ihnen jetzt unsere stille Lieblingsidee verraten. Wir sind sicher, nach der Lektüre dieses Buches tragen Sie auch eine stille Lieblingsidee in Ihrem Herzen – wir wünschen Ihnen diese Vorfreude auf das Lesen der Wachstumsstory.

Erich & Eva Berger
Bewegungsleiter der
Österreichischen Schönstatt-Bewegung

Hinführung

Wie Wachstum gelingen kann

In der Begegnung mit Pater Beller sind Menschen gewachsen. Nicht nur der Einzelne, die Persönlichkeit – sondern es ist auch eine Gemeinschaft, eine Bewegung entstanden, in der eine Atmosphäre des Wachstums spürbar wurde und bis heute ausstrahlt.

Dieses Buch beschreibt exemplarisch zwölf von ihnen – Menschen, die gewachsen sind in den zehn Jahren, wo Pater Tilmann Beller in Österreich gelebt hat. Dieses Buch dokumentiert und gibt Zeugnis von diesem Wirken – was die Begegnung mit Pater Beller in Menschen bewirkt und ausgelöst hat.

Beim Schreiben hat sich dieser Eindruck verdichtet: Wachstum ist geschehen, weil Pater Beller eine ganz besondere

Priesterpersönlichkeit war – und, weil er konsequent die Wachstumsprinzipien Pater Kentenichs angewandt hat.

Dieses Buch verfolgt diesen doppelten Blick: Es möchte sich einerseits auf die Spur von diesem besonderen Menschen Pater Beller machen – und andererseits mehr von der Wachstumsmethodik verstehen, die dahinterliegt und die Pater Kentenich in Schönstatt entwickelt hat.

Wachstum ist heute ein brennendes Thema. In der Wirtschaft ist es die Suche nach neuen Dimensionen des Wachstums - ein Wachstum, das den begrenzten Ressourcen unserer Erde Rechnung trägt. In der Politik ist es die Frage, wie in einer globalisierten Welt ein Miteinander wachsen kann, das zugleich die Vielfalt und Unterschiede respektiert und schätzt. Und beim Einzelnen selbst ist es die Sehnsucht nach persönlichem Wachstum – in Richtung mehr Freude, mehr Kraft, mehr Kompetenz, mehr Liebe, mehr Mut – mehr zu werden was ich bin. In bestmöglicher Form.

Das Schreiben dieses Buches hat uns auch ein neues Verstehen der Heiligen Schrift geschenkt - für Jesus ist Wachstum wichtig! Wo er über das Reich Gottes spricht, bringt er sehr oft Beispiele von Wachstumsvorgängen: Senfkorn, Samen streuen, Talente entfalten, Frucht bringen. So hat er gewirkt, wenn er durch die Lande gezogen ist - es geht um das Leben, es geht um Wachstum, es geht um Entfaltung; vermutlich sind wir erst am Anfang eines Anfangs, das zu verstehen.

Es geht um Wachstum – auch als Gemeinschaft. Bei der Kirche ist dieses Wachstumsziel die Heilige Stadt. Sie wird in der Apokalypse beschrieben als ein Organismus, ein Lebensraum, ein Lebensgebilde, wo Gott mitten unter den Menschen wohnt, wo es keine Tränen mehr gibt, wo alles gut ist, wo Leben in Fülle herrscht. Und diese Heilige Stadt ist schon am Entstehen – es gibt Momente, die wie ein Stück Himmel sind. Wir können sie erleben – und wir können sie anderen schenken. Vieles wird deutlich in diesen zwölf Interviews.

„Sie merken gar nicht, wie Sie wachsen“, sagte Pater Beller öfters Menschen, wenn er sie nach längerer Zeit wiedersah. Er hatte spürbare Freude daran. Und er hatte seinen maßgeblichen Teil daran – wenn Gott durch Menschen wirkt, wenn etwas von Seiner Kraft und Nähe spürbar wird.

Und hier schließen wir uns ein – wir beide, die wir ja auch Pater Beller begegnet sind: Er war ein Mensch, durch den etwas von der Nähe Gottes erfahrbar wurde. Da ging eine Kraft aus, die gut getan hat. Da ging ein Impuls aus, mehr an sich zu glauben. Da entstand die Sehnsucht, sich für Großes einzusetzen. Da war dieses ganz große Staunen, sich von Gott berührt zu erleben. Zu hören was er uns sagt. Und wenn er unser Leben berührt, dann beginnt das wahre Wachstum - hin zum Persönlichen Ideal, hin zur Freiheit der Kinder Gottes, hin zur Heiligen Stadt.

Es ist dies ein erstes Buch, das über das Wirken von Pater Beller geschrieben wird – und wir haben die Sehnsucht, dass viele weitere Initiativen sich daran machen, der großen Frage unserer Zeit nachzuspüren: Wie kann Wachstum gelingen – als Persönlichkeit, als Gemeinschaft, als Kirche und Welt?

Liebe Leserin, lieber Leser – wir wünschen Ihnen, dass Sie dieses Buch nicht aus der Hand legen, ohne einen Wachstumsimpuls für sich persönlich mitzunehmen: einen Gedanken, einen Anstoß etwas zu tun, das Sie, und durch Sie auch andere bereichert.

Ingeborg und Richard Sickinger
Wien, im Oktober 2014

Oktober 1982: Das Heiligtum in Schönstatt am Kahlenberg ist fast fertig - von hier aus möge ein großer Gnadenstrom für diese Stadt und das ganze Land ausgehen!

Building Sion - Alles beginnt mit der Sehnsucht

Pater Beller nimmt den gewohnten Spaziergang durch den Wienerwald. Ein Oktobermorgen 1982. Die Sonne ist vor mehr als zwei Stunden aufgegangen, aber es ist noch herbstlich frisch. Da taucht die Lichtung zwischen den Bäumen auf, die Sulzwiese, sein neues Zuhause. Es ist eine alte Anlage der Wehrmacht, bestehend aus vier Häusern, bis vor kurzem ein Altersheim der Caritas und nun im Eigentum der Marienschwestern. Pater Tilmann Beller ist 44 Jahre alt und sein großer Traum steht unmittelbar vor Realisierung: In wenigen Tagen wird es eingeweiht, das neueste Schönstatt Heiligtum der Welt, genau gesagt das 98., auf einer sanften Anhöhe gelegen in der Nähe des Kahlenberges. Ja, das ist der richtige Ort für das neue Heiligtum! Hoch oben auf einer Anhöhe des Wienerwaldes, an manchen Stellen kann man durch die Bäume hindurch auf die Stadt hinunter sehen, zugleich versteckt und unscheinbar, ein stiller Ort, wo die Kraft der Natur spürbar ist. Und die geschichtliche Symbolik: Von hier aus ist König Sobieski im Jahre 1683 mit seinem Heer aufgebrochen, um Wien von der türkischen Besatzungsmacht zu befreien.

An vielen Orten haben die Marienschwestern nach einem geeigneten Ort gesucht, von Großrussbach bis Langenzersdorf, etliche Jahre lang ging die Suche. Entweder es war zu

abgeschieden, oder die Umgebung war nicht inspirierend, oder die Eigenständigkeit fehlte; das ist ein wichtiges Merkmal von Schönstatt-Zentren, dass sie unabhängig sind und im Eigentum einer Kerngemeinschaft Schönstatts stehen.
Ja, das spürt er, hier ist der richtige Standort. Von hier aus wird die Gottesmutter von Schönstatt ihren großen Plan verwirklichen, Christus neu in die Welt zu bringen. Sie hat ihre Hand schon lange im Spiel, da ist ein Plan am sich Verwirklichen, wo er spürbar Werkzeug ist. Und nun kommt er, der einzigartige Moment. Es müssen nur mehr die letzten Bauarbeiten abgeschlossen werden, und das große Einweihungsfest des Kapellchens mit Erzbischof Jachym ist für Ende des Monats geplant.

Ein kleines Kapellchen, eine große Sehnsucht und eine Wendezeit

Immer schon suchen Pater Bellers Gedanken nach den großen Zusammenhängen, und beim Streifen durch den Wienerwald lässt sich gut nachdenken. Ah, diesen Weg kennt er noch nicht, also hier entlang. Warum jetzt dieses Heiligtum, warum hier? Pater Beller sieht es mit großer Klarheit vor sich: Seit dem Beginn des zwanzigsten Jahrhunderts macht unsere Welt eine nie dagewesene Wende durch. Die Faszination der Technik und Wissenschaft, die Autonomie und Freiheitssehnsucht des Menschen, die Globalisierung von Wirtschaft und Kultur hat die Menschheit gepackt und die Gesellschaft radikal verändert. Dazu die großen, verheerenden Kriege.
Eine alte Welt ist am Verbrennen und am Horizont werden die großen Strukturlinien einer ganz neuen Weltordnung spürbar - an diesen Sätzen Pater Josef Kentenichs hat er sich immer wieder festgemacht. So wie sein ganzes Leben, seine Entscheidung Priester zu werden, und seine Liebe zu Schönstatt mit Pater Kentenich zusammenhängen – auch wenn er ihn die längste Zeit gar nicht persönlich gekannt hat, er war sein geistiger Vater. Noch kann man von einer

neuen Weltordnung wenig sehen - alles Überlieferte wird in Frage gestellt und abgeklopft, um zu prüfen was noch brauchbar ist. Das hat für die Kirche starke Auswirkungen, sie wird vermehrt als unmodern und verstaubt betrachtet; ihre Botschaft, ihre Lebensideale und Glaubensformen werden immer mehr als irrelevant für das eigene Leben betrachtet.
In Schönstatt hat Pater Kentenich Antwort gegeben: Ein Christentum, das sich nicht in den Kirchenraum zurückzieht, sondern den Menschen befähigt, diese neue Welt zu formen und zu gestalten, in Wirtschaft und Technik, in Politik und Wissenschaft, in Management und Führung. Seine Vision vom neuen Mensch in der neuen Gemeinschaft, eine solidarische und nachhaltige Gesellschaft, die vom Heiligtum ausgeht, wo der Mensch im Bund mit Gott ein weltweites Netzwerk der Erneuerung baut – Kernsätze aus dem Vaterunser leuchten auf: „dein Reich komme, dein Wille geschehe, wie im Himmel so auf Erden." Seitdem Pater Beller diese Vision zum ersten Mal gehört hat, damals als Jugendlicher, hat sie ihn entzündet. Und gerade eben wieder neu: Es geht um nicht mehr und nicht weniger, als mitten in dieser großen Umbruchszeit das Neue Sion zu bauen, die Heilige Stadt - von diesem Ort aus, Schönstatt am Kahlenberg.

Es hat schon begonnen

Und die Gottesmutter als Angelpunkt dieser Erneuerung. Sie geht still durch diese Zeit und sucht Persönlichkeiten, Menschen, die sie erziehen und formen kann und die sich bereit erklären, als ihr Werkzeug an diesem großen Plan einer erneuerten Kirche und Gesellschaft zu bauen. Und es hat längst schon begonnen, hier in Österreich, sinniert er nach.
Welche Vielfalt von Menschen und Begabungen die Gottesmutter schon an sich gezogen hat, wie sie gewachsen sind und sich entfaltet haben, und das in wenigen Jahren. Pater Bellers Schritte werden langsamer, er bleibt stehen und be-

ginnt an seiner Hand abzuzählen. Erstens – da sind die Burschen, diese wilde Truppe in Kagran, mit ihnen hat alles begonnen, entzündbar für alles Große, Heilige wollten sie werden, und wie viel Lachen da war und „Blödsinn machen“, das war ihr Wort. Zweitens – die Mütter, dieser erste Kreis um Christl Riedl, wie intensiv sie Schönstatt aufgenommen haben, wie ernst das Streben war, es im eigenen Leben umzusetzen. Drittens – die Ehepaare, die sich Familie als Berufung und als Plan Gottes zu eigen gemacht haben, diese erste Runde mit Meslis und Mitters und Godanys, und wie stark die Familienbewegung seither gewachsen ist. Viertens – bei den Familien Manager wie Peter Kleinitzer oder Unternehmer wie Anton Freudensprung oder Künstler wie Michael Fuchs oder Sozialengagierte wie die Duseks, überall waren Initiativen am Entstehen.
Fünftens – die Mädchenjugend, eine echte Säule ist da gewachsen, bewegt davon, das Bild der Frau in diese neue Zeit zu bringen. Dann die Studenten und Studentinnen, Mediziner und Pädagogen... Und allen voran und ganz wesentlich die Marienschwestern, die ihre große Sehnsucht wahr gemacht haben, „das Nest“ für Schönstatt in Österreich zu bereiten, so steht es auf der ersten Seite der Chronik. Und die Frauen von Schönstatt, die berufstätigen Frauen, die Theologen, die Obritzberger, die Oberösterreicher...
Pater Beller gehen die Finger aus, sein Herz geht über. „Danke, Gottesmutter“, sagt er kurz und schlicht. Bleibt noch einen Moment stehen, und nimmt dann seinen Weg wieder auf.

Entscheidung mit 17

Was hier in den wenigen Jahren geworden ist, das hat seine Sehnsucht mehr als übertroffen - die Chance, Schönstatt in einem neuen Land aufzubauen. Seitdem er denken kann, war das seine große Sehnsucht gewesen. Schon als Bub, damals in Schwaben, hat er eine Burschengruppe geleitet und junge Menschen gewonnen, an sich zu arbeiten, sich

selbst zu erziehen, ihr Persönliches Ideal und ihre Berufung zu finden. „Die Träger der heimlichen Fahne“ war ihr Leitspruch und Antrieb gewesen: in allen Lebenslagen symbolisch die Fahne der Gottesmutter zu tragen, gegen den Strom zu schwimmen und als starke Persönlichkeit in ihrer unmittelbaren Umgebung zu wirken. Mit 17 Jahren hat er seine Entscheidung für Schönstatt getroffen, für sein ganzes Leben – so wollte er dem Ruf Gottes folgen, Priester werden und alles auf eine Karte setzen, radikal und konsequent.
Den Gründer Pater Kentenich kannte er damals noch nicht persönlich. Aber die Kommunikation mit ihm hat sich über die Jahre aufgebaut. Von Pater Klein, dem geistlichen Begleiter der Mannesjugend, haben die Burschen die Situation in ihrer ganzen Tragweite erfahren: Pater Kentenich war in Verbannung in Milwaukee, von der Kirche nach Amerika ins Exil geschickt, viele Jahre schon – die „Früchte“ Schönstatts hatten zwar große Anerkennung gefunden, aber das „Wie“ auch Kritik und Angst ausgelöst, gerade in einer vorkonziliaren Kirche. Der Gründer war also weg – und die Burschen haben begriffen: Wenn er nicht heimkommt, wenn die Gottesmutter das Wunder nicht wirkt, dann ist Schönstatt erledigt, es bleibt ein Torso, ein Krüppel.
Von da an war für ihn die Heimkehr von Pater Kentenich aszetisch „das“ zentrale Anliegen seines Lebens. Er muss lächeln, als sie plötzlich aufblitzt, die Erinnerung an diese Fronleichnamsprozession – er war damals ein kleiner Ministrant, und die Prozession war eine große Ehrensache, er durfte den Tragehimmel tragen, als einer von vieren. Da hat er den Heiland gefühlsmäßig so nahe gehabt wie noch nie - und hat ihm die ganze Zeit der Prozession pausenlos gesagt: „Schick ihn heim, schick ihn heim!“

Als Student – eine Extremerfahrung

Dann, eine intensive Begegnung mit Pater Kentenichs Denken ist ihm als Theologie-Student in Tübingen geschenkt worden. Es war sein Freisemester, wo man tun und forschen kann, was man will - und er hat jeden Tag fünf

Stunden Pater Kentenich studiert. Es war eine Extremerfahrung, jeden Tag viele, viele Stunden, ein ganzes Wintersemester lang. Die einen sind in Lokalen gesessen oder haben Karten gespielt, die anderen haben dies und jenes studiert. Und er hat entschieden, sich in das Denken Pater Kentenichs hineinzuarbeiten – was da an modernen Strömungen und Entwicklungen in der Uni-Welt präsent war mit der Schönstattwelt zu verbinden oder in eine Auseinandersetzung hineinzuführen.
Diese Zeit wurde zu einer intensiven Entwicklung seiner eigenen Persönlichkeit – spirituell, der Gottesmutter das Leben anzubieten „für ihn“, dass er wieder heimkommt, und geistig, durch diese außergewöhnlich intensive Begegnung mit dem Denken Pater Kentenichs. Später einmal hört er, wie Pater Kentenich zum Kreis der jungen Schönstatt-Patres sagt: „Ja, Sie alle nehmen teil an meinem Charisma – wenn auch in unterschiedlichem Maße“, da war seine Sehnsucht elementar - nach einem ganz ungewöhnlich großem Maß.
Pater Beller denkt an seine ersten Aufgaben als junger Priester in der Seelsorge. Vieles von dem, was die moderne Theologie auf dem Markt hatte, hat ihn persönlich sehr fasziniert; er war von geistig bewegenden Gedanken immer schon sehr berührt. Und da machte er eine Beobachtung: Wenn er das Material, das von großen gelehrten Männern der Theologie kam, verwendet hat - in der Predigt oder im Beichtstuhl -, dann hat das Eindruck gemacht, aber wenig ins Leben gegriffen. Und wenn er da oder dort ein Wort von Pater Kentenich verwendet hat - dann hat das Leben gezeugt, es hat etwas für das Leben gebracht. Mit anderen Worten, er ist immer mehr dazu übergegangen – im Vortrag oder im Beichtstuhl – Pater Kentenich weiterzugeben. Das hat spürbar mehr Leben geweckt, faszinierend war das.

Sein Traum – die Kanzel Pater Kentenichs

Da ist eine Riesenbuche - gewaltig, wie sich die Äste vom Himmel abheben. Pater Beller zieht weiter seine Kreise durch den herbstlichen Wienerwald, immer schon liebt er

diese einsamen Wanderungen in der Natur, wo im Nachkosten der Ereignisse ein roter Faden sichtbar wird.
„Ach Gottesmutter", so spricht er sie an, „du kennst meinen stillen Traum, dass dieser Berg zur Kanzel Pater Kentenichs wird." Gerade hier, an diesem neuen Anfang. Sein tiefster Antrieb ist, die Antworten Pater Kentenichs von hier aus zu erschließen und künden – für Ehe und Familie, für Management und Führung, für Kirche und Welt. Schönstatt ist ein „Verbindungsoffizier" zwischen Wissenschaft und Praxis, zwischen Glauben und Leben, um zwei Welten, die auseinandergerissen worden waren, wieder zu versöhnen und zu verbinden. Vielleicht werden eines Tages Menschen hierher kommen, um Pater Kentenich zu studieren – Akademien, Schulen, vielleicht sogar eine eigene Universität...
Er bückt sich und hebt einen Stein vom Boden auf. Er ist flach und hat die Form eines Dreiecks – Symbol für Gott Vater! Immer wieder findet er diese Steine auf den Hügeln den Kahlenbergs und steckt sie ein. Kleine Zeichen der Liebenswürdigkeit, wie eine Bestätigung – von Ewigkeit her hat Gott seine Zeichen gesandt, dieser Boden ist heiliges Land.

Wieso Österreich?

Ja, dieses Heiligtum in Wien hat Pater Kentenich selber angestoßen. Es war 1967, nach seiner Rückkehr aus der Verbannung und knapp vor seinem Tod. Pater Kentenich wollte, dass Schönstatt in Österreich Fuß fasst. Immer wieder hatte es Anläufe gegeben, er selbst war bereits 1935 nach Wien gereist, etliche Berufungen waren hier gewachsen, aber noch keine breite, lebenskräftige Schönstatt-Bewegung. Vielleicht war jetzt der Moment dafür? Pater Kentenich bat die Chefin der Marienschwestern um eine Liste möglicher Kandidatinnen, Marienschwestern der dynamischen Provinz, die besonders befähigt waren, Schönstatt in einem neuen Land eigenständig aufzubauen. Er überblickte die Liste der Oberinnen – und gezielt wählte er Schwester Elmengard aus: „Die kann das!"

Ausgewählt und gesendet von Pater Kentenich bereitete sich Schwester Elmengard für die Übersiedlung nach Wien vor – wo sollten sie sich niederlassen? In St. Georg Kagran taten sich Türen auf, und im Sommer 1972 bricht sie gemeinsam mit Schwester Emmerika und Schwester Sieghardе auf. In Wien waren schon zwei Marienschwestern tätig, Schwester Aquila und Schwester Hilga. Die Neuankömmlinge beziehen Wohnung im Pfarrhof St. Georg. Schwester Elmengard ist als Pfarrsekretärin angestellt – und beginnt sogleich, erste Interessenten für Schönstatt anzusprechen.
Pater Beller bekam diesen Aufbruch zuerst indirekt mit – Schwester Elmengard lud ihn gleich 1972 ein, nach Wien zu kommen und einen Vortrag zu halten; sie hatten sich in seiner Vikarszeit in Stuttgart kennengelernt und hervorragend zusammen gearbeitet. Aber Pater Beller war mit der Mannesjugend in Deutschland voll und ganz ausgelastet, er sagte ab. Schwester Elmengard ließ nicht locker – ein paar Monate später lud sie ihn wieder nach Wien ein, ein Gemeinschaftstag diesmal. Aber Pater Beller hatte keine Zeit.
Hartnäckig war sie schon, die Schwester Elmengard! Im Nachhinein muss er schmunzeln, als er wieder eine Einladung nach Wien erhält - war es eine List gewesen? Denn diesmal erhält er eine Anfrage, die er als Verantwortlicher für die Mannesjugend kaum ausschlagen kann: die erste Burschengruppe in Österreich hat sich zusammengefunden und möchte die Weihe an die Gottesmutter ablegen – und die „muss" natürlich der Verantwortliche für die Burschenarbeit entgegennehmen. An und für sich waren Marienschwestern *nicht* dafür prädestiniert, Burschengruppen aufzubauen – aber Schwester Elmengard war eben anders. Die hatte den jungen Mesner Roman Gratzenberger für Schönstatt begeistert, und dann hatte die Ministrantengruppe Feuer gefangen. Eins hatte zum anderen geführt – und jetzt konnte Pater Beller nicht mehr Nein sagen. Er verstand, was der liebe Gott von ihm wollte.
Damit begann die kongeniale Zusammenarbeit mit Schwester Elmengard - und damit diese Möglichkeit, ein

„neues Schönstatt“ in einem neuen Land aufzubauen, ohne die Last der Geschichte, ohne die Nachwirkungen der Verbannung und Verfolgung, und mit dem ganz eigenen Ideal - die Heilige Stadt. Hier war die Chance, ein Schönstatt aufzubauen, wie Pater Kentenich es immer erdacht hatte. Er brach also zur Burschenweihe nach Wien auf, das war 1973.

Baustelle Heiligtum – welch ein Kampf

Pater Beller kommt bei seiner Wanderung auf einer großen Wiese an - hier sammelt sich das Wasser und fließt dann als Schreiberbach nach Wien hinunter, durch Nussdorf hindurch in den Donaukanal hinein. Er blickt von der zarten Quelle aufwärts – und durch den rostigen Zaun hindurch zum fast fertigen Kapellchen hinüber. Spontan formuliert er seine Sehnsucht: „Von diesem Heiligtum möge ein großer Gnadenstrom für diese Stadt und das ganze Land ausgehen.“ So wie die Tempelquelle in Ezechiel Kap 47, 1-12. Wie lange und mit welchen Opfern hatten alle Beteiligten daran gearbeitet! Schon 1976 hatten die Burschengruppen einen Bildstock errichtet – keine hundert Meter von hier, in Absprache mit dem Grundeigentümer Stift Klosterneuburg, ein Augustinerstift aus dem 12. Jahrhundert. Ein einfaches Bild der Gottesmutter mit Holzrahmen, auf einem Baum fixiert, später durch einen steinernen Bildstock ersetzt. Die Burschen und andere Schönstätter kamen jeden Freitag hierher, um zu beten und ihre Opfer zu bringen, für ein Schönstattheiligtum in Österreich. Wer *jedes* Mal dabei war, das waren Anton Freudensprung und seine Frau Wiltraut. Und immer mit einer Stärkung für die ganze Runde – ein heißer Tee oder Glühwein oder die berühmte Salami. Irgendwann musste der erste Bildstock durch einen gemauerten ersetzt werden, und das Rosenkranzgebet ging weiter, jeden Freitag, Winter wie Sommer, bei jedem Wetter, viele Jahre lang.
Und all diese Jahre hindurch hieß es „Nein“ – das Pensionistenheim am Kahlenberg konnte von den Marienschwestern nicht erworben werden! Zwar signalisierte der Grund-

stückseigentümer, das Stift Klosterneuburg, die Bereitschaft dazu, aber der Betreiber des Pensionistenheims selbst, die Caritas der Erzdiözese Wien, wollte nicht verkaufen – und wenn, dann nur zu einem unerschwinglichen Preis.
Der Einsatz war groß. Und nach der Erfahrung Schönstatts mit der Gottesmutter „Nichts ohne dich, nichts ohne uns" war Pater Beller überzeugt: Wenn es Gottes Wille ist, würden sie die Anlage bekommen - aber nicht ohne sehr viel Einsatz und Opfer. Wie viele Verhandlungen hatten die Schwestern geführt – immer ein Nein. Sogar Erzbischof Jachym hatte sich in die Verkaufsverhandlungen zu Gunsten Schönstatts eingeschaltet – das Nein blieb. Und parallel, wie viele Berufungen sind hier gewachsen: der Mitgliederkreis hatte Großes geweckt, drei junge Frauen bereiteten sich gerade auf ihr Postulat bei den Marienschwestern vor, zwei junge Paare prüften ihren Weg beim Institut der Schönstattfamilien, und einer hatte bereits seine Berufung zum Schönstatt Priesterverband gefunden. Die Gründungszeit forderte Entscheidung - und sie war hochherzig erfolgt.
Der Einsatz war groß – auch auf finanzieller Seite. Die Großzügigkeit der Marienschwestern, die den Erwerb des Schönstatt-Zentrums in Wien dem nötigen Bau der Provinzzentrale vorziehen würden; einzelne herausragende Wohltäter wie Familie Freudensprung, die Schwester Elmengard immer wieder ein Kuvert zugesteckt haben - ohne sie würde gar nichts gehen. Und die ganze Bewegung die mittat – kein Gemeinschaftstag ohne den „Bankschalter" der Burschen, wo jedes Mal Tausende Schilling fürs Heiligtum gesammelt wurden.
Was war auch alles geschehen an Kampf, damit das Heiligtum entstehen kann! Die Kameraden von nebenan - den Namen Teufel nahm er selten in den Mund - hatten alles Mögliche getan, um es der Gottesmutter schwer zu machen, am Kahlenberg ihren Thron aufzuschlagen. Am 10. November 1980 war er mit Schwester Elmengard und Schwester Annetrud auf dem Weg zu Verkaufsverhandlungen auf

den Kahlenberg gewesen, als ein PKW frontal in sie hineinraste; glücklicherweise kamen sie mit Prellungen davon. Doch nur vier Tage später ging es anders aus: Pfarrer Janos Kristof, ein Schönstatt-Priester mit ungarischen Wurzeln, der die Schönstatt-Bewegung in Österreich wesentlich mit aufgebaut hat, war tödlich verunglückt – ein junger Motorradfahrer raste mit fast 200 Stundenkilometern in ihn hinein, beide waren auf der Stellt tot. Zuletzt noch hatte Janos ihm anvertraut, dass er der Gottesmutter sein Leben angeboten hatte - wenn es in Gottes Plan lag –, damit Schönstatt in Österreich endlich sein Heiligtum bekommt. Und dann war es geschehen. Ein großes Opfer war angenommen worden, ein Saatkorn, das viel Frucht bringen sollte – denn auf einmal war der Eigentümer zum Verkauf bereit.

Blick in die Zukunft

Und nun ist es so weit: die Einweihung des ersten Schönstatt Heiligtums in Österreich steht unmittelbar bevor.
Was werden die kommenden Jahren bringen? Die Zielgestalt der Heiligen Stadt, verewigt im Grundstein des Heiligtums, ist himmelhoch - menschlich betrachtet unmöglich zu erreichen. Von allen 98 Heiligtümern weltweit ist es das erste und einzige mit dieser umfassenden Vision – die Heilige Stadt, das Neue Sion als Lieblingsgedanke Pater Kentenichs. Aber verbunden im Liebesbündnis mit der MTA und mit Pater Kentenich kann man die Hand auch nach höchsten Zielen ausstrecken.
Und mit dem Heiligtum geht es dann erst richtig los. Die Ehepaare und Familien sind stark am Wachsen, da kann vieles entstehen. Das Ideal der Häuser der Heiligen Stadt greift - es trifft die Wünsche und Sehnsüchte der Menschen, mit denen er zusammenarbeitet. Und vielleicht soll dieses Heiligtum auch über die Grenzen Österreichs hinaus wirken?
Familie Godany, eine der ersten Schönstatt-Familien in Österreich, war gerade nach Ungarn gezogen, es kann sehr

wohl sein, dass das der Plan Gottes ist – und was kann da noch alles entstehen?

Zurück

Pater Beller geht den Weg weiter Richtung Höhenstraße, und dann links die Kurve – und nun leuchtet das fast fertige Heiligtum in der Vormittagssonne vor ihm. Ja, der 31. Oktober naht, der große Tag. Gottesmutter, ich schenke dir diesen neuen Anfang, ich schenke mich dir ganz und gar.
Ganz versunken steht er davor – da ruft ihn plötzlich jemand herüber, es ist Schwester Elmengard, die sich schon längst Sorgen gemacht hat: „Also wirklich, Pater Beller, dafür ist es doch viel zu kalt, Sie werden sich noch verkühlen," und gleich darauf setzt sie mütterlich fort: „Jetzt kommen's erst einmal auf einen Kaffee."

Die Fakten basieren auf der Chronik „Schönstatt Österreich" Band I und Band II, das Rundherum könnte so gewesen sein...

Zwölf Begegnungen

Alles was Menschen bewegt - Sorgen und Sehnsüchte, Ängste und Träume - wurden in einer Schönstatt-Tagung von Pater Beller angesprochen und beleuchtet mit der Frage: Was möchte mir Gott sagen?

Da war ich mit meiner Existenznot

Michael Fuchs

Deine erste Begegnung mit Pater Beller – wann und wie war das?

Es war 1974, glaube ich. Ich habe Pater Beller in einer kleinen Barockkirche predigen gehört, das war in St. Georg in Kagran. Maria und Hans Andras hatten mich zu Pater Beller mitgenommen, weil ich gerade katholisch geworden war und so viele Fragen hatte!

Bei dieser Predigt war eines der wichtigsten Themen „Die Neue Stadt, das Neue Jerusalem“. Mich hat das sehr angesprochen, denn die Stadt war ein Hauptmotiv von mir - ein Bild für die Geschichte der Menschheit und für die Erlösung dieser Gesellschaft, dieser Welt, des Christentums, des Universums. Bei Pater Bellers Predigten war die Heilige Stadt

Wachstumsprinzip 1: Wachstum braucht ein Ziel

Das Große wofür es uns gibt

Ein gemeinsames Ziel verbindet – wenn es groß genug ist, dass es die Phantasie und alle Kräfte einer Persönlichkeit weckt. Und wenn es konkret genug ist, dass es Forderungen an das eigene Leben und Streben stellt. Es ist das Große wofür es uns gibt.

Die „Heilige Stadt“ ist die Zielgestalt von Schönstatt in Österreich. Sie stammt aus der Heiligen Schrift: die Apokalypse (Kapitel 21) stellt das große Bild der Heiligen Stadt dar, die vom Himmel herabkommt, wo Gott mitten unter den Seinen ist und mit Wärme und Liebe erfahrbar ist. Die Heilige Stadt - zugleich die Leuchte, der Orientierungspunkt, die Lebensquelle, Kraftquelle für alle Völker - steht als große Schau von christlicher Zukunft, als christliche Zielgestalt vor Augen.

Pater Beller hat in der Begegnung mit den konkreten Menschen dieses Zielbild von Schönstatt in Österreich entwickelt. Es ist am Grundstein des Heiligtums am Kahlenberg abgebildet – einzigartig auf der Welt.

Die Heilige Stadt leuchtet am Horizont, sie gibt den Menschen in unserer stürmischen Zeit Orientierung und Ziel - und sie senkt sich zu den Menschen herab. An solchen Orten lässt sich die Gottesmutter nieder. Dort entstehen Inseln christlichen Lebens, die sich weltweit verbinden zu einem Netzwerk der Erneuerung.

Es gibt Momente, wo diese Heilige Stadt schon jetzt erlebbar ist: Wenn wir einander groß sehen, wenn wir jemandem etwas zutrauen, wenn wir uns mutig für unsere Werte einsetzen. Wir bauen um uns ein „Haus der Heiligen Stadt“, wo wir für andere Menschen da sind, wo eine neue christliche Kultur entsteht, die ausstrahlt.

Unter Menschen, die vom gemeinsamen Ziel erfüllt sind, entsteht eine „geheime Sympathie“, so beschreibt es Pater Kentenich. Eine besondere Art von Gemeinschaft, der Aufbruch in eine Welt von morgen.

immer wichtig: die Stadt, die vom Himmel herabkommt, geschmückt wie eine Braut – diese Stelle aus der Offenbarung. Gott überlässt die Welt und die Menschen nicht sich selbst. Durch das Bild der Heiligen Stadt sieht man: Gott ist in unserer Mitte, Gott ist mit uns.

Was hast du von diesen ersten Begegnungen noch in Erinnerung?

Ich sehe Pater Beller vor mir, wie er vor der Kanzel steht und predigt. Und dann sehe ich ihn mir gegenüber wie ich beichten war. Ich habe mich entschieden, Schönstätter zu werden – gerade durch diese Begegnung mit Pater Beller. Aus dieser ersten Begegnung wurden viele. Pater Beller wurde mein Beichtvater, und das ist er geblieben, 35 Jahre lang.

Als junger Katholik hatte ich zwei Bücher gelesen, die sehr wichtig für mich waren: „Archipel Gulag“ von Solschenizyn und „Die Stadt Gottes“ von Augustinus - beide haben etwas mit einer Stadt zu tun. Die eine Stadt ist die Höllenstadt, ein Netzwerk von KZs in Sibirien. Die andere bei Augustinus hatte mit dem Kampf zwischen der Gottesstadt und der Weltstadt zu tun, und dass die Kirche sich nicht dieser Welt angleicht, sondern umgekehrt: Gott fordert diese Welt auf, sich seinem Willen anzuhängen und sich der Kirche anzugleichen. Es wird häufig davon geredet, dass die Kirche altmodisch ist – ein blödsinniges Wort, das soll mir einmal jemand definieren, genauso wie das Wort zeitgemäß, welcher Zeit gemäß, die ändert sich ja dauernd. Bei Solschenizyn kommt es klar hervor: Was wird aus einer Welt ohne Gott? Es wird ein Archipel Gulag. Und bei Augustinus gibt es diesen Kampf zwischen den Kindern Gottes und den Kindern dieser Welt, das hat mich fasziniert. Ich wollte nichts wissen von einer Angleichung der Kirche an die Welt, weil die Welt, wie ich sie erfahren hatte, war nicht gut - da waren viele Dinge drinnen, die gut waren, aber die Saat des Bösen war schon stark: die Judenvernichtung, der Gulag, der Tod. Ich wollte, dass ein *Kampf* ist zwischen Kirche und Welt – nicht so, wie heute verlangt

wird, dass man nur ja keinen Staub aufwirbelt. Ich dagegen wollte den Kampf - aber nicht einen Kampf des Hasses oder der Gewalt, sondern einen geistigen Kampf.
Ich habe oft bei der Beichte thematisiert, dass ich zu heftig in einer Diskussion wurde. Dann sagte Pater Beller: „Klar, Sie heißen ja Michael!“ (lacht) Das war so typisch er: Sie heißen ja Michael, nomen est omen *(Anm.: In der Offenbarung besiegt der Erzengel Michael den Teufel in Form eines Drachen).* Dann war mir klar: Es gibt Leute, die beten still - das tue ich ja auch ein wenig -, und es gibt andere, die wollen den Kampf - ich wollte den Kampf, weil nur durch den Kampf Klarheit entsteht.

Wie hast du Pater Beller als Beichtvater erlebt?
Pater Beller war ein guter Beichtvater für mich, weil er auch gemerkt hat, woran meine Seele gelitten hat.
Meine große Not war die Existenznot – meine Angst davor, nicht genug Geld zu verdienen, um den Lebensunterhalt für meine Familie zu finanzieren; als Künstler hat man sehr wenig wirtschaftliche Sicherheit. Immer wieder bin ich mit dieser Existenznot zu Pater Beller gekommen – und er hat mir vor Augen geführt, wie Gott sorgt. Immer und immer wieder. Dennoch, meine Ängste saßen sehr tief, ich habe viele Jahre darunter gelitten.
Pater Beller hat mir eine andere Perspektive gezeigt: „Auf der Welt gibt es so viel Not, Wohnungsnot und Existenznot und alle diese Nöte. Sie sind ja Künstler, Sie müssen der Welt auch zeigen, was sie durchleiden muss - und die Antwort auf diese Angst zeigen. Und dafür müssen Sie all das existentiell erfahren haben – sowohl die Not, als auch die Antwort auf diese Angst.“
Pater Beller hat wirklich gut erkannt, wer ich bin und was ich brauche. Aber er hat wenig „Erfolg“ mit mir gehabt, weil ich zu verhaftet in manchen Problemen war.
Aber letzten Endes wurde ich aus dieser Not befreit. Vor etwa zwei Jahren war das, da konnte ich – nach Jahrzehnten – diese Lebensängste ablegen. Ich bin überzeugt, dass letzten Endes er mir aus dieser Not geholfen hat.

Pater Beller hat diese Not mitgetragen – damit war sie nicht weg, aber leichter?
Absolut. Denn obwohl ich nicht richtig umsetzen konnte, was er mir vermittelte - also dieses große Vertrauen, dass Gott sorgt - so fand ich in den Beichtgesprächen mit ihm doch immer wieder Kraft. Er hat mich immer wieder aufgerichtet, und das hat mir geholfen, durch die Jahre hindurch.
In einem der letzten Gespräche hat er mir gesagt: „Es ist nicht gut, immer gleich von Problemen befreit zu werden." Es ging ihm nicht um schnelle Problemlösung, er war kein Mr. Fix-it, sondern er wollte mir vermitteln, dass ich mit meinen Problemen in Gott gut aufgehoben bin. Es ging ihm darum, dass ich verstehe, die Probleme im richtigen Geist zu tragen.
Ich habe bei ihm Stärkung bekommen, Trost und Beistand. Ich wollte ja eine Befreiung von meinen Ängsten - aber es ging nicht. Einmal, glaube ich, war Pater Beller verzweifelt und hat mir gesagt: „Denken Sie denn, dass Gott Ihnen diese künstlerische Begabung und diese schöne Familie schenkt – und dann lässt er Sie im Stich?! Das wäre ein zynischer Gott!" Und da hatte er recht. Das Problem ist, dass man sich einfach nicht vorstellen kann, wie gut Gott ist.

Wie bist du von einer Begegnung mit Pater Beller weggegangen?
Es gab sehr schöne Begebenheiten. Einmal habe ich gesagt: "Ich habe das Gefühl, dass ich keine Tugenden habe." Talent ist ja noch keine Tugend, sondern Tugend ist für mich, wenn man sich anstrengen muss, um Gutes zu tun, und das regelmäßig. Dann hat Pater Beller gesagt: „Herr Fuchs, Sie haben keine Tugenden?" Er fing an mich zu fragen: „Wie viel Zeit verbringen Sie mit Ihrer Frau? Welche Bilder malen Sie, was ist in den Bildern zu sehen? Wie viel Zeit verbringen Sie mit Ihren Kindern?"
Ich habe ihm das alles erzählt, und dann sagte er: „Sehen Sie, das ist alles eine Tugend." Dann hat er mir gesagt, wie viel Zeit am Tag ein Vater durchschnittlich im Gespräch mit

seinen Kindern verbringt (es sind Minuten). „Und Sie verbringen einige Stunden mit ihnen - und das soll keine Tugend sein?"
Er war sehr gut darin, dass ein Mensch nicht nur seine Mängel entdeckt, sondern auch merkt, was gelungen ist - weil Gott wirklich da ist und uns auch weiter hilft. Er macht einen Unterschied in unserem Leben. Pater Beller hat mich gewarnt, dass diese Art von Skrupel auch eine Versuchung zum Stolz ist: „Wenn man immer nur das Schlechte sieht, kann das ja nicht sein, sonst hätte der Erlösertod Christi keine Wirkung in meiner Seele gehabt, oder?"
Ich war so erleichtert! Pater Beller hat mich erleben lassen: Du bist nicht so schlecht wie du meinst, und der Gott, an den wir glauben, ist viel großmütiger als du! Er hat mich aufgerichtet. Er hat auch einen großen Humor gehabt, wir haben viel gelacht, auch bei der Beichte und Aussprache.

Hat er auch Forderungen gestellt?
Er gehörte zu den Priestern, die nicht gleich alles, was ich gebeichtet habe, als eine Sünde sehen. Vieles, das wir falsch und schlecht machen, kommt daher, dass wir nicht aus unserer Haut heraus können und schon mit der Erbsünde geboren sind. Aber zugleich gehörte er auch zu den Priestern, die einen sehr hohen Standard für das moralische Leben haben, er ist ja ein „Sohn" von Pater Kentenich.
Woran leidet ein Mensch, und was ist eine Sünde? Wenn einer viel trinkt - ist das eine Sünde, oder leidet dieser Mensch an dieser Schwäche? Oder das Spiel, oder Wutausbrüche – es gibt Dinge, die sind objektiv Sünde, aber der Mensch, der sündigt, scheint fast mehr das Opfer zu sein als der Täter. Ich glaube Pater Beller hat den Menschen die Barmherzigkeit Gottes aufzeigen wollen. Sonst fürchten sie sich und gehen weg, wenn sie Gott nur als den Gerechten sehen.
Gerade heute kam im Tagesgebet etwas über Gott den Richter vor – und dabei war klar, dass das Gerichtsurteil nicht nur sein wird: „Du hast das und das falsch gemacht", sondern auch: „Du hast mit meiner Hilfe das und das gut

getan." Wir werden uns das anschauen, was wir gut getan haben, und wir werden uns darüber freuen. Und für das Schlechte, das wir gemacht haben, werden wir uns hoffentlich schämen und es bereuen.
Ich glaube, das war Pater Beller sehr wichtig; ich nehme an, er hat das auch anderen Beichtkindern nahe gebracht. Ich war ein bisschen ein Sonderfall für ihn, weil ich ein Künstler bin – er hatte einen Blick dafür, dass bestimmte Typen von Menschen auch etwas anders gelagert sind. Wenn er einen Chinesen vor sich hätte, wäre das genauso gewesen – ach ja, der hat diese Mentalität, und er geht auf diesen Menschen ein.

Wir erinnern uns an eine Aussage: „Die Familie Fuchs ist nichts fürs Bausparen – wenn sie einmal ein Haus bekommen, dann ist das, weil eine Erbtante stirbt." War das so?
Genau so war das. Und das war eine prophetische Aussage, weil wir unser Haus dann tatsächlich von einer Wahltante geerbt haben – und er hatte das angekündigt. Er wusste das nicht, der Heilige Geist hat ihm das gezeigt. Ich habe nie den Eindruck gehabt, dass Pater Beller prophetische Aussagen bewusst gesagt hat, aber das war in jedem Fall prophetisch; es gibt ja auch Prophetie, ohne dass der Prophet sich als ein solcher erlebt. So war es bei Jona – er wird von einem Seeungeheuer verschluckt und am dritten Tag ausgespuckt, und er wusste es nicht, dass das ein Zeichen für die Auferstehung Jesu ist.
Ich habe das Gefühl, dass Pater Beller die Seelenschau besessen hat. Wenn ich ihm eine Situation geschildert habe, hat er immer wieder gesagt: „Lassen Sie mich das anschauen." Dann hat er seine Augen zugemacht, nach unten geblickt - und dann hat er zu reden begonnen.
Pater Beller war auch eine Büßerseele – er hat gesagt: „Das nehme ich auf mich, kümmern Sie sich nicht darum." Ich glaube, dass er eine Buße für mich übernommen und die Verantwortung mit mir getragen hat. Da war etwas in ihm, das wirklich ein Geheimnis war. Ich bin nie einem Priester wie ihm begegnet.

Du hast erwähnt, Pater Beller hat den Einzelnen in seinem besonderen Berufungsweg gesehen. Wie hat er den Künstler gesehen?
Ich glaube, dass die Künstlerseelsorge eine ganz eigene Sache ist. Pater Beller hat gesehen, dass wir nicht die Typen sind, die von neun bis fünf Uhr im Beruf arbeiten und dann eine andere Tätigkeit als Ausgleich suchen. Sondern Künstler haben ein Lebenswerk, in dem sie ständig drinnen sind.

Er hat das ernst genommen, dass ein Künstler dauernd an seinem Lebenswerk schaffen muss. Er wusste, dass der Künstler so ist. Deshalb erscheint der Künstlertyp oft asozial oder egozentrisch, und in gewissem Maß ist er es auch, aber Pater Beller verstand, dass das in diesen Schaffensdrang eingebunden ist. Ich sagte unlängst zu jemandem: „Weißt du, ich würde gerne mit euch da und da hin gehen - aber stell dir vor, ich muss jetzt einfach malen.“ – „Ah, du hast einen Auftrag?“ – „Nein ich habe keinen Auftrag, ich habe ein Lebenswerk. Das Licht ist schön heute, und ich male.“

Pater Beller erkannte das. Es gab auch nie ein Wort von ihm, uns mehr bei Schönstatt zu engagieren. Er wusste, dass wir Füchse nicht die Typen für Runden und Verpflichtungen sind, er wollte uns die Freiheit geben. Für ihn war wahrscheinlich wichtig, dass er wusste, dass ich durchflutet werde von dem Geist Schönstatts, und aus dem Geist lebe und schaffe – und das Schaffen geht an die Menschen weiter.

Gab es Themen, wo du mit Pater Beller nicht einverstanden warst, wo es auch Auseinandersetzungen gab?
Ja. Das war noch in der Studentengruppe im Rahmen eines Treffens. Ich habe mich aufgeregt dass ein Bursch - den mag ich ja wirklich aus ganzem Herzen – während der Messe einfach seine E-Gitarre auf den Altar gelegt hat. Ich bin ein strenger Liturgiker (lacht), das hat mir nicht gefallen. Dann bin ich zu Pater Beller gegangen und habe gefragt: „Ist das in Ordnung, dass er die E-Gitarre auf den Altar legt?“

Ich weiß Pater Bellers Wortwahl nicht mehr genau, aber es lief darauf hinaus, dass er sagte: „Dieser Bursche hat sehr wohl Respekt vor dem Altar - er will mit dieser Gitarre für Christus spielen. Und daher kann es nicht wirklich unlogisch sein, wenn er zwischendurch einmal die Gitarre auf den Altar legt wie eine Opfergabe." Mir hat diese Auslegung gefallen, trotzdem bin ich sehr altmodisch geblieben.

Du bist beheimatet in Schönstatt?
Ich bin beheimatet in Schönstatt, eindeutig, und das bedeutet für mich: Mein Rücken ist gedeckt. Ich war ein schwacher Mann, der unsicher durch sein Leben gegangen ist - und ich habe Kraft in dieser Bewegung gefunden. Ich wurde gehalten von Schönstatt: von Unserer Lieben Frau, von Pater Kentenich, dann in neuerer Zeit auch von Schwester Emilie.

Ist die Heilige Stadt – also das Ideal von Schönstatt in Österreich - etwas das in dir lebt?
Ja! Ich habe auch ein Gedicht über die Heilige Stadt verfasst. Von 2008 bis 2010 habe ich an dem Gedicht geschrieben, in Englisch, es befindet sich im Gedichtband „You are the Mirror". Es ist das letzte Gedicht im Buch, besteht aus 90 Versen und heißt: „The City". Es fängt mit einem Prolog an, den der Satan spricht - er will die Stadt zerstören, weil er nicht als Gottheit anerkannt wurde - und es endet mit einem Epilog, den die Gottesmutter spricht. Und dazwischen tut sich der Kampf auf.

Was ist für dich Schönstatt?
Ein Keim – ein Setzling, diese neue Stadt in einer Welt, die durch die Erbsünde gezeichnet ist. Die Kirche ist in die Welt gesetzt worden, um die frohe Botschaft zu verkünden und diese Welt zu taufen. Und das ist die Sendung von Schönstatt, es ist eine apostolische Sendung - jeder von uns ist gesendet. So wie der Vater mich gesandt hat, so sende ich euch – und wer auf euch hört, hört auf mich, und wer auf mich hört, hört auf den, der mich gesandt hat (vgl. Lukas). Deshalb ist der Vatergott so wichtig. In dem Bild von Hermano Pedro, das ich gemalt habe - der erste Heilige, der auf

den Kanarischen Inseln geboren wurde – gebrauche ich das Bild: Gott Vater – Gott Sohn – Gott Heiliger Geist. Über dieser neuen Erde – das ist die Gottesmutter – schwebt der Heilige Geist. Und Hermano Pedro, der Arbeiter mit seinen hochgekrempelten Ärmeln, trägt das Kreuz und schaut auf die Mutter mit dem Kind. Dieses Bild drückt für mich auch aus, was Schönstatt eigentlich ist: Ein Setzling, Botschafterin des göttlichen Willens in dieser Welt.
Und die Gottesmutter ist genau das - mit Macht! Das ist auch etwas, das mir in den Predigten von Pater Beller sehr gut gefallen hat: Die Gottesmutter war immer wieder die Siegerin in allen Schlachten Gottes. Sie ist Mutter und Erzieherin – und auch Kämpferin in allen Schlachten Gottes. Bei Jeanne d'Arc war das genauso. Diese kleine Frau, ein Bauernkind aus Frankreich, hat den Generälen gesagt, wie sie Orléans befreien sollen; sie konnte zunächst einmal nicht reiten und hatte keine Ahnung von Kriegsführung, aber sie hat den Generälen Anweisungen gegeben - das muss ja dem Satan mächtig auf die Nerven gegangen sein.
Ich habe einmal eine Vision von Satan gehabt, einen Traum, eine Art von Bewusstsein (nicht durch Drogen, die habe ich nie genommen). Ich weiß nicht, was schrecklicher war – die totale Negierung meiner Person oder der totale Hass, der vom Teufel ausgegangen ist. Einerseits hat es mich getroffen: er hasst mich abgründig, und andererseits: ich bin ihm unendlich gleichgültig. Ich hatte dieses Bild: Er sieht nur sich selber - und das war wirklich schrecklich. Und diesem Unwesen wird diese zarte Jungfrau entgegengestellt, sie ist jetzt Königin der Engel – I love that kind of stuff in Schönstatt: Sie ist die Kämpferin, die Frau, die den Kopf der Schlange zertritt!

Wir leben aus der Zuversicht, dass wir da einmal in der Heiligen Stadt ganz bei Gott zu Hause sein werden - was wirst du Pater Beller sagen, wenn du ihm wieder begegnest?
Wir werden uns duzen! Er hat immer Michael zu mir gesagt, und ich zu ihm Herr Pater, ich konnte nicht Tilmann sagen,

so habe ich ihn nie genannt. Er hat gemerkt, ich habe eine starke Neigung zu Formalismus und eine gewisse Scheu, ich glaube, er hat das auch geschätzt. Aber dann, eines Tages werde ich Tilmann zu ihm sagen und ihn mit seinem Namen ansprechen.

Du bist und bleibst ein Schönstätter?
Absolut! Ich könnte mir nie vorstellen, von meiner Frau getrennt zu werden, das ist wie: „Something is wrong with the universe", und das Gleiche gilt für Schönstatt. Das ist eine Welt, wo es noch so viel zu entdecken gibt. Was mich zuletzt sehr angesprochen hat, war über Schwester Emilie zu lesen, weil sie die selben Probleme hatte wie ich. Sie war sehr zart besaitet und litt stark an Unsicherheit und Lebensängsten. Mir gefällt sehr an ihr, dass sie eine schwache, kleine Person war - sie hat nichts Mächtiges ausgestrahlt, sondern Sanftmut, und das hat eine starke Wirkung auf mich (Anm.: ihr Seligsprechungsprozess läuft).

Würdest du über Pater Beller ein Gedicht schreiben?

Das habe ich! See inside - es steht hier gleich auf der ersten Seite, als Widmung im Gedichtband: In Memoriam Tilmann Beller.

Michael Fuchs
Foto aus der Zeit der ersten Begegnung mit P. Beller

Beruf: *International bekannter Maler*
Familie: *Verheiratet mit Cornelia, zwei Kinder*
Wohnort: *Aufgewachsen USA, heute Klosterneuburg*
Gemeinschaft: *Schönstatt-Bewegung*
Schönstatt-Engagement: *Vortragender, Berater in künstlerischen und architektonischen Fragen*

Auch bei großen Veranstaltungen mit einigen hundert Menschen konnte Pater Beller die Zuhörer persönlich und direkt ansprechen. Es hat sie gepackt und begeistert durch das Erleben: „Das hat mit mir zu tun!“

Die Entscheidung für meine Berufung

Schwester Maria Margarita Seiser

D*ie erste Begegnung mit Pater Beller – wie war das?*
Meine erste Begegnung mit ihm stammt aus dem Jahr 1977. Es war damals ein Mädchen-Ferienlager im Sommer. Pater Beller war dabei und hat jeden Tag die Heilige Messe gelesen und er hat gepredigt. Das war ein Highlight des Tages – weil die Art, wie er gepredigt hat, für mich und sicher für viele etwas Neues war. Wir kannten natürlich die Predigten des Pfarrers in der Sonntagsmesse – aber Pater Beller konnte einen persönlich ansprechen, auch in so einem großen Kreis damals.
Die Erfahrung in diesem Jahr und auch in den folgenden war das – überraschende – Erlebnis: Er hat eine Ahnung und kann sich vorstellen, was sich in so einem jungen Men-

schen, einer jungen Frau mit 15, 16, 17 oder 18 Jahren innerlich tut. Das war eine Hilfe für den Alltag – das was er gesagt hat, konnte man direkt in das Leben umsetzen. Und natürlich *musste* man es dann auch tun (lacht).

Wie ging der Weg dann weiter?
Pater Bellers Predigten und Vorträge waren auch später immer sehr herausfordernd. Man musste sich damit auseinander setzen: Entspricht mir das oder nicht? Kann ich mir das so vorstellen oder nicht? Glaube ich das so oder nicht? Er hat dann seine Botschaft bald – es war die Zeit wo das Heiligtum gebaut wurde – sehr viel auf die Gottesmutter ausgerichtet. Immer wieder hat er den Einsatz für das Heiligtum, den Einsatz für die Gottesmutter, für Schönstatt am Kahlenberg herausgefordert.
Über Berufung hat er in dieser Zeit sehr viel gesprochen. Die Berufung zur Ehe war auf der einen Seite, und auf der anderen Seite die Berufung zum jungfräulichen Menschen, und da hat er als Typus die Berufung zur Marienschwester genannt. Ich glaube, ich habe keine Tagung in der Zeit bei ihm mitgemacht, wo er nicht immer wieder darauf hingewiesen und gesagt hat: Es muss entschieden werden! Man kann nicht nur so dahin leben und irgendwann einmal stolpert man halt so oder so... sondern Entscheidung! Und auf diesem Weg, muss ich sagen, habe ich auch meine Berufung gefunden. Das war kein großes himmlisches Erlebnis (lacht), sondern dieser Weg und die Auseinandersetzung damit. Er hat mich dann auch bestärkt in dieser Entscheidung, da bin ich ihm sehr dankbar und werde es zeitlebens bleiben, dass ich so meine Berufung gefunden habe.

Sie sind ins Noviziat in Schönstatt in Deutschland eingetreten – und kamen dann wieder nach Österreich zurück?
Bereits drei Jahre später bin ich als Jugendschwester wieder zurückgekommen - noch sehr jung damals und auch unerfahren aus heutiger Sicht - und sollte für die Mädchenjugend arbeiten.
Hier in Österreich wirkte das Team von Schwester Elmengard und Pater Beller. Pater Beller hat von Anfang an

Wachstumsprinzip 2: Vorträge lassen Freiheit
Zur Entscheidung führen

Ehrfurcht vor der Freiheit des Einzelnen und seiner Entscheidung – das hat zu einer besonderen Methode in Schönstatt geführt: Inspiration auf dem Weg der Vorträge. Als Zuhörerin in einem größeren Kreis von Menschen, so die Erfahrung einer Teilnehmerin der Mädchenjugend, haben Pater Bellers Vorträge bei ihr ausgelöst:
- Das oft überraschende und wohltuende Erlebnis: Da hat jemand eine *Ahnung*, was in mir vorgeht. Und das öffnet.
- Der Vortrag gibt keine „Anweisungen", sondern stellt Fragen an mich, ich muss mich damit *auseinandersetzen:* Entspricht mir das oder nicht? Kann ich mir das so vorstellen oder nicht? Glaube ich das so oder nicht?
- Die Wirkung des Gehörten war: Mich angeregt, ja gedrängt fühlen, etwas im eigenen Leben *umzusetzen.* Manchmal eine Kleinigkeit im Alltag - und in herausragenden Momenten auch große Entscheidungen, Lebensentscheidungen.
- So reifte die *Entscheidung* zum eigenen Berufungsweg - nicht als großes „himmlisches Erlebnis", sondern auf dem Weg der persönlichen Auseinandersetzung damit.

Hier wird das Konzept der Schönstatt-Tagung sichtbar: eine Woche konzentrierte Inspiration, und das einmal jedes Jahr. Die Methode von Pater Beller war es, in den Vorträgen Anregungen zu „streuen" – und es blieb dann Sache des Einzelnen, ob er die Botschaft hört oder nicht, ob er sie annimmt oder nicht, ob es der richtige Moment ist oder nicht. Er hat den Einzelnen nicht bedrängt, er hat auch die Entscheidung nicht abgenommen. Wenn die Person aus Eigenantrieb kam und darüber sprechen wollte, dann hat er das Thema auch im persönlichen Gespräch vertieft. Aber Königsdisziplin für „geistliche Anregungen in maximaler Freiheit" - das ist der Weg der Vorträge.

gesagt: Wenn Sie Fragen haben, was die Mädchenjugend betrifft, dann gehen Sie normalerweise zu Schwester Elmengard, er hat auf sie verwiesen und das war gut so. Aber natürlich gab es auch gemeinsame Gespräche, manchmal über diese oder jene Frage oder Planung, das war im Büro von Schwester Elmengard, dem heutigen Familienbüro.

Einige Zeit hat Pater Beller dann Mädchen-Tagungen und Lager begleitet – wie war hier die Zusammenarbeit?
Bei diesen Tagungen und Ferienlagern habe ich ihn sehr intensiv erlebt, wir waren oft auswärts, und in den ersten Jahren war er noch dabei und hat als Priester die Messe gelesen und auch geholfen, die Tagung zu führen. Da waren 30, 35 Mädchen beisammen, und das musste laufen.
Ich weiß noch gut, da gab es eine Unstimmigkeit – das passiert, irgend was hat nicht geklappt oder jemand war unzufrieden – da hat er mir geraten, dass ich das direkt mit dem Mädchen bespreche. Und dann hat er mir gesagt: „Wenn Sie 100 solche Situationen ausgeräumt haben, dann können Sie gut Konflikte bewältigen!“ (lacht) Das war sein Wort.
Was ich in der Zeit auch erlebt habe, waren Personalentscheidungen. Es ging immer wieder um Führung und Entscheidung, zum Beispiel: Eignung zum Mitgliederkreis – bei Personalentscheidungen konnte er unerbittlich sein. Wenn er der Überzeugung war, dass sich jemand für eine Aufgabe nicht eignet, konnte er in solchen Dingen unerbittlich sein.

Was ist Ihnen an Pater Beller besonders wichtig gewesen?
Was im Ganzen für mich durchkommt, war seine Liebe zur Gottesmutter - das kam immer wieder, das habe ich in seinem ganzen Arbeiten gespürt, die Liebe zur Gottesmutter und zu unserem Gründer Pater Kentenich. Pater Beller hat sich immer als Sprachrohr für den Gründer Pater Kentenich gesehen und er hat eine persönliche Beziehung zu ihm vermittelt.
Wenn es um persönliche Fragen gegangen ist, hat er oft den Hinweis gegeben: „Besprechen Sie das doch mit Pater Ken-

tenich“ – also der Tipp, sich vor sein Bild zu setzen und mit ihm darüber zu sprechen. Auch wenn Fragen aufgetaucht sind, hat Pater Beller das immer wieder so gelöst.
Er selbst hat auch viele wichtige Texte von Pater Kentenich auswendig gekonnt, das hat mich sehr beeindruckt, z.B.: Himmelwärts konnte er ganz und gar auswendig; er hat auch uns dazu angeregt, dass wir manches beherrschen – man muss es ja nicht machen, aber es war so ein Tipp. Das ist auch eines des Dinge, die für mich wichtig waren und sind, und wofür ich dankbar bin: Diese Beziehung zu Pater Kentenich, die auch er bei mir grundgelegt hat. Für das alles bin ich ihm sehr dankbar – und aus dieser Dankbarkeit wollte ich Ihnen das heute auch sagen.

Schwester Maria Margarita Seiser
Foto aus der Zeit der ersten Begegnung mit P. Beller

Beruf: *Leiterin des Bildungshauses*
Wohnort: *Schönstatt am Kahlenberg, Wien*
Gemeinschaft: *Schönstätter Marienschwestern*
Schönstatt-Engagement: *Landespräsidium Österreich, Provinzleitung der Schönstätter Marienschwestern (Bayern, Österreich, Ungarn & Rumänien)*

Pater Beller mit zwei Mitbrüdern seiner Patresgemeinschaft - die große Sendung der Schönstatt-Patres: „Das Ohr am Herzen Gottes und die Hand am Puls der Zeit.“

Eine dynamische Kraft in die Zukunft

Bernhard Mucha

D*ie erste Begegnung mit Pater Beller – wie war das?*
Die erste Begegnung mit Pater Beller war für mich ein interessantes Erlebnis. Es war, als wir - die erste Schönstatt-Burschengruppe mit dem Namen „Ritter der Königin" - gemeinsam das Liebesbündnis geschlossen haben. Das war in St. Georg in Kagran, wo sich die Marienschwestern niedergelassen hatten.
Schwester Elmengard und Roman Gratzenberger, der Mesner, hatten Pater Beller schon gekannt, und immer wieder von ihm erzählt: ein toller Mann, ein großer Mann. Deshalb war die Erwartung sehr groß - wie wird er sein? Und dann kommt so ein schmächtiges Männchen daher, ich dachte: „Das soll der große Pater Beller sein?" War dann aber auch

so. Wir haben ganz kurz geredet, er war gut informiert über mich. Er hat uns einen kleinen Vortrag gehalten und die Messe mit dem Liebesbündnis gefeiert.
Und da habe ich erlebt: Er fängt an zu reden – und alle sind wie elektrisiert. Pater Beller hat immer, das ist mir sofort aufgefallen, die Situation greifen können, wenn er mit den Leuten gesprochen hat. Er fängt an zu reden – und alle sind wie elektrisiert, weil er genau das trifft, was momentan in uns da ist.
Ich habe ihn viel später gefragt: „Wie machst du das?“ Darauf er: „Merkst du das nicht? Das riecht man doch!“ Bis heute habe ich nie das Gefühl, dass man das „riecht“, aber ich habe im Lauf der Zeit gemerkt, dass ich das auch kann. Später bei den Burschenlagern war es so, dass ich mich vor die Burschen hingestellt habe, so wie sich im Film „Krieg der Sterne“ der Jedi-Ritter hinstellt und zu reden beginnt, und damit alle beeinflusst, aber auch etwas von den anderen aufnimmt, so in diese Richtung. Ich habe erlebt, dass ich auch oft aufnehmen konnte, was in einer Gruppe los ist.
Manchmal konnte ich Pater Beller beobachten, wie er sich zum Vortrag hingesetzt hat. Er saß da, hat mit der Nase sichtbar geschnüffelt und dann zu reden begonnen. Das heißt, er hat wirklich „gerochen“ was von den anderen kommt.

Du hast also erlebt, wie Pater Beller Menschen begegnet ist?
Das Aufnehmen war bei ihm ein ganz eigener Vorgang, diese Art hat mir imponiert. Zum Beispiel in Strebersdorf, beim Oktobertag, da war immer ein bestimmter Ablauf: zuerst eine Jause, dann ein Vortrag, dann Pause, dann Messe. Am Beginn, bei der Jause, ist Pater Beller zunächst bei Schwester Elmengard, Pater Tick und mir am Tisch gesessen – und irgendwann ist er aufgestanden und hat mit allen möglichen Leuten palavert, mit Herrn Freudensprung und ein paar wichtigen anderen. Es war kein systematisches Hand-Shaking von Tisch zu Tisch, sondern man hat richtig gemerkt: Er hat im Blick, mit wem er jetzt reden will. Und dann hat er

gewusst, was er in seinem Vortrag aufgreifen konnte.
Für mich war das interessant, ich konnte ein Bild oder ein Beispiel von Pater Beller mehrmals hören. Bei anderen Vortragenden hätte ich vielleicht gedacht: „Um Gotteswillen, fängt der schon wieder damit an!“ Bei Pater Beller kamen Bilder auch öfters, aber sie haben mich jedes Mal fasziniert. Vor allem, er hat sie jedes Mal anders verpackt, in einen anderen Zusammenhang gebracht, in Details sogar anders gedeutet. Das war oft richtig spannend. Einmal war ich mit bei einer Familientagung und habe gedacht: „Wann wird er das erzählen?“ Es ging um dieses Beispiel von einem Ehepaar, das über die Brücke fährt, und auf dieser Brücke ist eine Nebelbeleuchtung, und der Mann sagt zu seiner Frau: „Da hat's eine Beleuchtung wie im Fleischerladen!?“ (Anm.: Ein extremes Beispiel dafür, dass manche Männer Komplimente oder Zuneigung sehr indirekt aussprechen können: Im Fleischerladen sorgt die richtige Beleuchtung dafür, dass die Ware besonders frisch und appetitlich aussieht. Der Mann wollte seiner Frau also sagen, dass sie gut aussieht - aber eben sehr verschlüsselt). Dieses Beispiel hat Pater Beller damals in fast jeder Tagung gebracht, wo er über Familie gesprochen hat. Und jedes Mal habe ich gespannt gewartet: „Wann kommt's? Wie bringt er es jetzt rein?“ Er konnte wirklich interessant reden.

Wie hat seine Art vorzutragen auf Menschen gewirkt?
Pater Beller hat eine große Autorität gehabt. Ich entsinne mich einer Situation in Rahmen eines Vortrages, wo Kinder ziemlich unruhig geworden sind, und bei manchen Leuten in der Runde ist deshalb ein gewisser Ärger entstanden. Da hat Pater Beller gefragt: „Sie sind doch auch dafür, dass unsere Familien viele Kinder haben?“ – Da war man sich einig. – „Sie sind doch auch dafür, dass Kinder sich entfalten dürfen?“ - Zustimmung. – „Sie sind doch auch dafür, dass Kinder so sein dürfen, wie sie sind, und auch in die Kirche kommen sollen?“ - Ebenfalls Zustimmung. – „Also, wenn Sie jetzt die Kinder nicht wollen, die hier sind und ein bissl einen Wirbel machen, dann gehen Sie weg!“

Es ist niemand aufgestanden. Ich bin mir nicht sicher, wenn ich so etwas bei mir in der Pfarrkirche machen würde, ob nicht ein paar Leute aufstehen und gehen würden. Er hatte eine enorme Autorität bei vielen, vielen Leuten – Naturautorität! Auch bei den Leuten, die innerlich schon rumort hatten.
Woher das kommt? Das ist schon eine geistliche Gabe. Und sicherlich lag es auch daran, dass er nur alle paar Monate hereingeschneit ist. Es ist sicher etwas anderes, wenn ich der Pfarrer bin, der ständig da ist und mit dem man sich auch auseinandersetzen muss. Pater Beller ist hereingeschneit und dann wieder verschwunden. Und ohne die Kleinarbeit wäre vieles nicht geworden – diese Kleinarbeit hat dann Schwester Elmengard gemacht, also den ständigen Kontakt mit den Menschen. Pater Beller hat mir einmal gesagt, das könnte er gar nicht, und ohne Schwester Elmengard ginge das alles nicht.
Umgekehrt war er sich durchaus bewusst, dass Schwester Elmengard ihn gezielt nach Wien geholt hat und dass sie sehr genau gewusst hat, wen sie sich da holt, damit er die Schönstatt Bewegung in Österreich aufbaut. Die beiden kannten sich aus Schwaben, wo Schwester Elmengard Lehrerin am Gymnasium und Schulrätin in der Pfarre war. Pater Beller war damals Diözesanpriester, weil es die Gemeinschaft der Schönstatt Patres noch nicht gegeben hatte. Dort hatten sie sich kennengelernt und miteinander gearbeitet. Wie Schwester Elmengard dann nach Österreich kam, hat sie gleich von Anfang an alles Mögliche gemacht, um den Tille Beller für den Aufbau der Schönstatt-Bewegung herzuholen. Das hat sie mir auch gesagt: „Ich wollte immer, dass der das macht!“ (lacht)

Wie oft hast du Pater Beller gesehen?
Drei oder vier Mal im Jahr hat er mit uns Burschen eine intensive Schulung gemacht, das war ein Wochenende, viel mehr war das nicht. Als ich dann später als Theologiestudent ein Freisemester hatte, entschied ich mich, nach München zu gehen, wo Pater Beller damals stationiert war, um ihm noch näher sein zu können. Ich wusste, dass ich

damit leichter zu ihm Kontakt haben und viel mit ihm reden konnte - über Pater Kentenich, über Schönstatt und Selbsterziehung. Das war 1975-76.
Die Gespräche mit ihm waren etwas ganz Besonderes. Wie ich Schönstatt kennengelernt und die Weihe gemacht habe, hatte ich gerade mit dem Theologie-Studium begonnen. In diese Zeit fiel die Begegnung mit Pater Beller - da durfte ich seine Vorträge, geistlichen Gespräche, seine Seelenführertätigkeit genießen, wobei das meistens kombiniert war. Nachdem er den Burschen etwas erzählt hatte, habe ich ihn oft geschnappt - oder er mich, je nachdem (lacht) – und wir sind gemeinsam spazieren gegangen. Das war in Walterskirchen.
Wenn man mit ihm über sich selber gesprochen hat, das ist mir aufgefallen, da hat er dich sehr ernst nehmen können. Ich hatte das Gefühl: „Jetzt bin ich wichtig, und nichts anderes ist wichtig." Ich bin wichtig, so wie ich bin, mit meinen Fehlern und Schwächen, die dürfen auch sein. Einmal habe ich gesagt: „Das macht mich so wütend, das regt mich so auf" – und ich meinte, das darf nicht sein. Darauf er: „Oh ja, das darf man!" Er hat versucht, die positiven emotionalen Kräfte in einem zu fördern, und dann auch zu helfen, dass man sie in die richtige Richtung bringt.
Eine Begegnung mit Pater Beller hat mir das Gefühl gegeben, von ihm verstanden worden zu sein, und zugleich das Gefühl: Das passt schon, ich bin am richtigen Weg, das ist gut so. Es war ein gutes Gefühl. Fast immer hat es Zustimmung in mir ausgelöst, wobei, einmal habe ich ihm widersprochen, da hat er gesagt: „Endlich widersprichst du mir!" Aber meist war es so: Er hat etwas gesagt, und du hast das Gefühl gehabt, es spricht dir total aus dem Herzen.

Die Heilige Stadt - hat Pater Beller schon am Anfang darüber gesprochen?

Die Heilige Stadt - das war eine ganz faszinierende Geschichte. Ganz am Anfang, am ersten Burschenlager mit Pater Beller, wollte er mit uns Burschen „Türkenlager" machen: Wir besiegen den Türken in uns (das dürfte man heute nicht mehr sagen, aber vor 40 Jahren war das ein bissl anders), also wir besiegen den inneren Schweinehund in uns. Es ging um ein Nachspiel der Schlacht am Kahlenberg, die Geländespiele waren nach dem Prinzip durchgestylt. Dann hat er aber gemerkt: Das zieht bei den Österreichern nicht, das kann er vielleicht in Schwaben machen, aber nicht in Österreich.

Und dann kam er praktisch auf das Familienhafte, die Beziehungen - eine Stärke der Österreicher - und dann bald auf die Heilige Stadt. Wie er genau darauf kam und warum die Heilige Stadt so stark mit dem Kahlenberg verbunden sein soll, das weiß ich nicht – aber sicherlich kam das Bild von Pater Kentenich selbst, der die apokalyptische Stadt als Vision und Verkündigungsmodell verwendet. Dann war es recht bald, dass Pater Beller immer mehr von der Heiligen Stadt und den Häusern der Heiligen Stadt geredet hat, bis es dann die Zielgestalt Schönstatts in Österreich war und 1982, bei der Grundsteinlegung und Einweihung des Kapellchens auf dem Kahlenberg, eine entscheidende Rolle gespielt hat.

War die Heilige Stadt damals ein Wert für mich? Sie hat mir sofort gefallen. Es war für mich nochmals faszinierend: Ich habe in München eine Seminararbeit bei Prof. Scheffczyk geschrieben, der später Kardinal geworden ist, und zwar zum Thema: „Die Apokalypse, und ob sie uns heute etwas zu sagen hat?" Das war ganz stark inspiriert von Pater Beller. Diese Seminararbeit haben Schönstättische Zeitschriften damals auch auszugsweise übernommen. Das war in der Zeit, wo ich in München studiert habe - in dieser Zeit entstand auch das Bild von der Heiligen Stadt. Mir hat es gefallen, weil es ein biblisches Bild ist, das gut greift. Pater Beller hat eine Zeitlang auch die soziologischen Aspekte der Heiligen Stadt analysiert – wie es überhaupt dazu kommt, wie die Welt immer mehr zu einer Stadt wird, und dass man vor dieser Entwicklung keine Angst haben soll, weil das schon in der Offenbarung steht und sich im göttlichen Plan befindet. Das hat mich sehr fasziniert, er hat sich auch intellektuell mit den verschiedensten Richtungen stark auseinander gesetzt, das war auch ein emotionaler Wert für mich.

Neben der persönlichen Begegnung - gab es auch Schulungselemente?

Wie ich in München war, habe ich gemeinsam mit Josef Wieland, einem anderen jungen Schönstätter, im Heim der Afro-Asiatischen Studentengemeinde gewohnt. Einmal in der Woche waren wir in Klein-Schönstatt und haben dort eine Gruppenstunde gehabt, wo Pater Beller uns nicht selten den Impuls dafür gegeben hat. Methodische Schulung hat er damals mit mir nicht gemacht – war aber auch nicht nötig, ich war im normalen Studium, und ich scheine auch sehr viel intuitiv aufgenommen zu haben, das hat er gemerkt, und schnell umgesetzt, wenn ich ein Referat gemacht habe, ohne dass ich methodisch darüber nachdachte.

Das Methodische habe ich erst viel später von ihm mitbekommen, zum Beispiel hat er bei der Oktoberwoche methodische Elemente eingebaut und Rhetorik-Seminare gehalten. In der Zeit, wo ich dann in Rom studiert habe, habe ich im Sommer immer bei seinen Familientagungen hospitiert. Und wie ich aus Rom zurück gekommen bin, habe ich relativ bald eigene Tagungen gehalten.

Einmal hat es geheißen, ich soll mit Pater Beller gemeinsam eine Tagung halten - dann ist er ausgefallen und plötzlich musste ich sie allein machen. Das war am Kahlenberg und Schwester Elmengard war dabei. Nachher hat sie mir gesagt, ich habe das gut gemacht - nur der schwächste Vortrag war, wo ich direkt über Schönstatt geredet habe. Die Lebensvorträge, wo es um Ehe-Pastoral und Ehe-Pädagogik ging, die waren sehr gut; und bei Schönstatt war ich beim Geschichtlichen hängen geblieben. Dieses Lebendige, diese Verbindung zum Leben hin, habe ich damals noch nicht gehabt.

Beim Hospitieren hat Pater Beller oft mit mir Gespräche geführt, ich habe ihm auch viele Fragen gestellt. Er hat die Vorträge, und ich die Predigten bei der Messe gehalten. Er hat mir manchmal Rückmeldung gegeben: „Das war toll, dass du den Wert, den ich heute versucht habe den Eltern darzustellen, noch mal für die Kinder aufgegriffen hast!“ Oder auch: „Heute hat es nicht so richtig dazu gepasst.“ Den

Wachstumsprinzip 3: Jemanden groß sehen
Volles Vertrauen

„Ihre größte Versuchung ist“, sagte Pater Beller einmal einem jungen Paar, „dass Sie nicht genug an sich glauben.“
Umgekehrt gesagt: Er hat da die Kraft seines Herzens hineingelegt, um beim Gegenüber das Vertrauen in sich selbst zu stärken, um den Glauben an sich selbst wachsen zu lassen.
„Er hat mich groß gesehen, er hat mich ernst genommen, er hatte volles Vertrauen in mich“, diese Erfahrung ging bei sehr vielen Begegnungen sehr tief. Das hat auch mit Ehrfurcht zu tun – nach der Definition von Pater Kentenich ist Ehrfurcht das Staunen vor der Größe, die Gott in einen Menschen hineingelegt hat. Durch das ehrliche Zutrauen: „Sie können das!“ hat man Dinge geleistet, die man sich sonst vielleicht gar nicht getraut hätte; man ist über sich hinausgewachsen.
Worin zeigt sich Vertrauen? Andere Menschen in Entscheidungen einzubinden, sie um ihre Gesichtspunkte zu fragen – und diese dann auch in der Entscheidung zu berücksichtigen. Einem anderem Menschen eine Aufgabe zu übertragen, die Zielrichtung und einige wenige Grundsätze mitzugeben – und dann Freiheit zu lassen.
Gott macht es mit uns genauso – er vertraut uns andere Menschen an, vertraut uns große Aufgaben an, vertraut uns die ganze Welt an.
Vertrauen ist Wagnis – vieles wird garantiert auch schief gehen, gerade am Anfang. Vertrauen bedeutet Risikobereitschaft – man kann nicht sicher wissen, was herauskommt und wie der andere entscheidet. Entscheidungen können einen unsicher machen oder lähmen – da tut ein Satz gut wie: „Entscheiden Sie! Und ich stehe voll hinter Ihnen.“ Vertrauen erfordert auch Geduld – vielleicht gelingt es beim ersten Mal noch nicht hundertprozentig, aber beim nächsten oder übernächsten Mal wird es schon besser.

Zentralwert – auch wenn ich die Bezeichnung damals noch nicht gekannt habe - habe ich dann mehr verstanden.

Hat Pater Beller eigentlich alle Menschen angezogen?
Ich habe erlebt wie Leute, die auf ihn zugegangen sind, in der Begegnung mit ihm aufgegangen sind – aber ich habe auch einzelne Leute gekannt, die abgestoßen worden sind, und die auch heute noch erzählen würden: „Der kann mir gestohlen bleiben."
Was war das? Ich persönlich glaube, dass es – vor allem in der ersten Zeit – seelisch kranke Figuren waren, die er abgeschreckt hat, Menschen die zu stark um sich selber und ihre Probleme gekreist sind. Er hat sehr deutlich gesiebt und wollte die „kranken" Leute nicht bei der Bewegung haben, vor allem nicht in der Anfangsphase, weil viele Erneuerungsbewegungen daran scheitern, dass sie in der Anfangszeit „Pflaster" austeilen müssen, und vor lauter Pflaster-Geben kann sich aber nichts entwickeln. Das ist meine Vermutung - ich habe keine hundertprozentige Bestätigung - wenn ich an den Typ von Menschen denke, die er abgeschreckt hat. Und wenn sich solche Menschen nicht abschrecken ließen *(lacht)*, dann hat er auch gewusst, mit denen kann er weiter arbeiten.

Manchmal hat man den Eindruck, Pater Beller hatte fast übermenschliche Kräfte?
Also körperlich nicht. Pater Beller hatte Epilepsie, schon bevor er nach Österreich gekommen ist. Schwester Elmengard wollte nicht, dass man darüber redet. Er ist zum Beispiel bei der Krönungsfeier der Muttergottes umgekippt und hat einen epileptischen Anfall gehabt. Aber normalerweise hat man nicht Rücksicht nehmen müssen. Nur wenn die Krankheit weiter vorangeschritten ist und seine Medikamente neu hätten eingestellt werden müssen, da hat er das auch nicht immer gleich gemacht, und dann ist er wieder einmal umgekippt, wie damals bei der Krönungsfeier, und ist in diesen Krämpfen gegen die Heizung geschlagen und hat sich ziemlich weh getan.

Was hat dir Pater Beller bedeutet - in deinem Weg als Mensch und als Priester?

Sicherlich ist er ein enormes Vorbild für mich geworden. Und er war für mich eine Zeitlang eine große Stütze, wenn ich mich gefragt habe: „Will ich das eigentlich wirklich, was ich da jetzt mache?“ Ich habe das Gefühl gehabt, dass er eine Mischung aus Vorbild und Stütze war – ich habe erlebt, dass er wirklich selbstlos jemanden fördert.

Zum Beispiel hat er mich eher davon abgehalten, mir die Frage zu stellen, ob ich Schönstatt-Pater werden will. Damals kannte ich nur die Form des Priesters in der Schönstatt-Bewegung, nämlich ihn als Schönstatt-Pater. Er hat Wert darauf gelegt, dass ich aber auch die anderen Priestergemeinschaften kennen lerne. Er hat fast eher ein bissl die andere Richtung gefördert, und das habe ich als selbstlos empfunden, weil das nicht viele Priester – auch nicht in Schönstatt – so machen würden. Er wollte, dass ich meine eigene Berufung finde, und dabei war er mir Vorbild und Stütze, und ich habe die Selbstlosigkeit bewundert.

Interessant war, wie ich einmal die Muttergottes gebeten habe, dass ich frei sprechen kann – weil ich das damals nicht konnte, als Theologe nicht und in den ersten Kaplansjahren auch nicht, da musste ich immer mit einem Manuskript vortragen. Da war meine Bitte an sie: „Ich möchte einmal so reden können wie Pater Beller!“ Und das Lustige war: Wie ich die Verantwortung für die Burschen übernommen habe, da habe ich für meine Referate noch Stichwortzettel in der Hand gehabt, auf den ersten zwei oder drei Lagern. Und dann war es vorbei, dann habe ich überhaupt nichts mehr gebraucht, ich konnte frei sprechen! Ich bin überzeugt, da haben oben einige zusammengewirkt.

Deine Begeisterung für Schönstatt und Pater Beller - hatte das etwas miteinander zu tun?

Freilich. Ich denke schon, dass er einen enormen Beitrag geleistet hat – und auch Schwester Elmengard hat mich sehr begeistert. Das war eine Frau, mit der man so richtig gut diskutieren konnte. „Die Schönstätter machen so viel mit der Muttergottes," habe ich ihr am Anfang einmal vorgeworfen. Da hat sie gesagt: „Kommen Sie doch einmal zu uns nach Kagran, ich lade Sie zum Essen ein, und dann erzähle ich Ihnen einiges." Sie hat mich gleich für den nächsten Tag eingeladen. Dann hat sie mir begonnen zu erzählen – und mit einer Lockerheit auch kritische Fragen von mir gekontert. Natürlich war ein 19-jähriger Theologiestudent beeindruckt, wie sie mit einer Lockerheit Paroli bieten konnte, das war noch mal beeindruckend. Sie hat auch einen Beitrag geleistet, das wollte ich sagen, aber sicher war Pater Beller entscheidend.

Was war es, das dich besonders an Schönstatt gepackt hat?
Mich hat beeindruckt, dass das Gedankengebäude, das ich in Schönstatt kennengelernt habe, für mich sehr stringent ist. Es passt alles zusammen, und ist nicht von gestern, aber auch kein Zementieren von heute – sondern etwas, das eine starke Dynamik, eine dynamische Kraft in die Zukunft hat.

Du kommst aus der Schule Pater Bellers - was glaubst du würde er uns heute sagen?
Pater Beller hat immer eine Politik betrieben, die Schönstatt-Bewegung in Österreich unabhängig von der Kirche zu halten – und gleichzeitig die Schönstätter zu motivieren, sich an allem zu interessieren, was in der Kirche los ist. Ich denke zum Beispiel an den Katholikentag 1983, da war ihm wichtig, dass die Schönstätter sich aktiv daran beteiligen. Dieses Engagement hat er gefördert, und gleichzeitig geschaut, die Bewegung unabhängig von der österreichischen Kirche, der Politik, der Pfarrstruktur zu halten.
Ich denke, dass er heute wahrscheinlich versuchen würde, ähnlich zu agieren – aber gleichzeitig mit dieser Motivation, die Pater Kentenich im Rahmen des Konzils ganz wichtig war: Dass Schönstatt der Kirche zeigt, wie sie Seele der Welt sein kann. Dafür zu sorgen, dass Schönstätter sich stark verantwortlich fühlen für die Kirche, dass sie Herz der Kirche werden. Ich sage es mit meinen Worten: den heutigen Schönstättern Mut machen, sich bei den notwendigen

Strukturveränderungen in den Diözesen einzumischen. Er würde es vermutlich auch anders formulieren als „Mission first“. Weil in „Mission first" steckt schon wieder der Gedanke drinnen, dass ich Leute für den Glauben in der Art gewinne, dass ich sie sozusagen „in meinen Machtbereich“ hinein bekomme. Pater Kentenich und Pater Beller sind viel mehr davon ausgegangen:
Heilige Stadt bedeutet: Wir bauen ein Netzwerk, und das trägt - es trägt auch diejenigen, die nicht im Machtbereich sind, sondern es trägt und strahlt aus.

Bernhard Mucha
Foto aus der Zeit der ersten Begegnung mit P. Beller

Beruf: *Pfarrer von Biedermannsdorf, Geistl. Assistent Kath. Männerbewegung, Diözesanfamilienseelsorger*
Wohnort: *Biedermannsdorf*
Gemeinschaft: *Schönstatt-Priester*
Schönstatt-Engagement: *Leitungsaufgaben (Familienbewegung, Schönstatt-Burschen)*

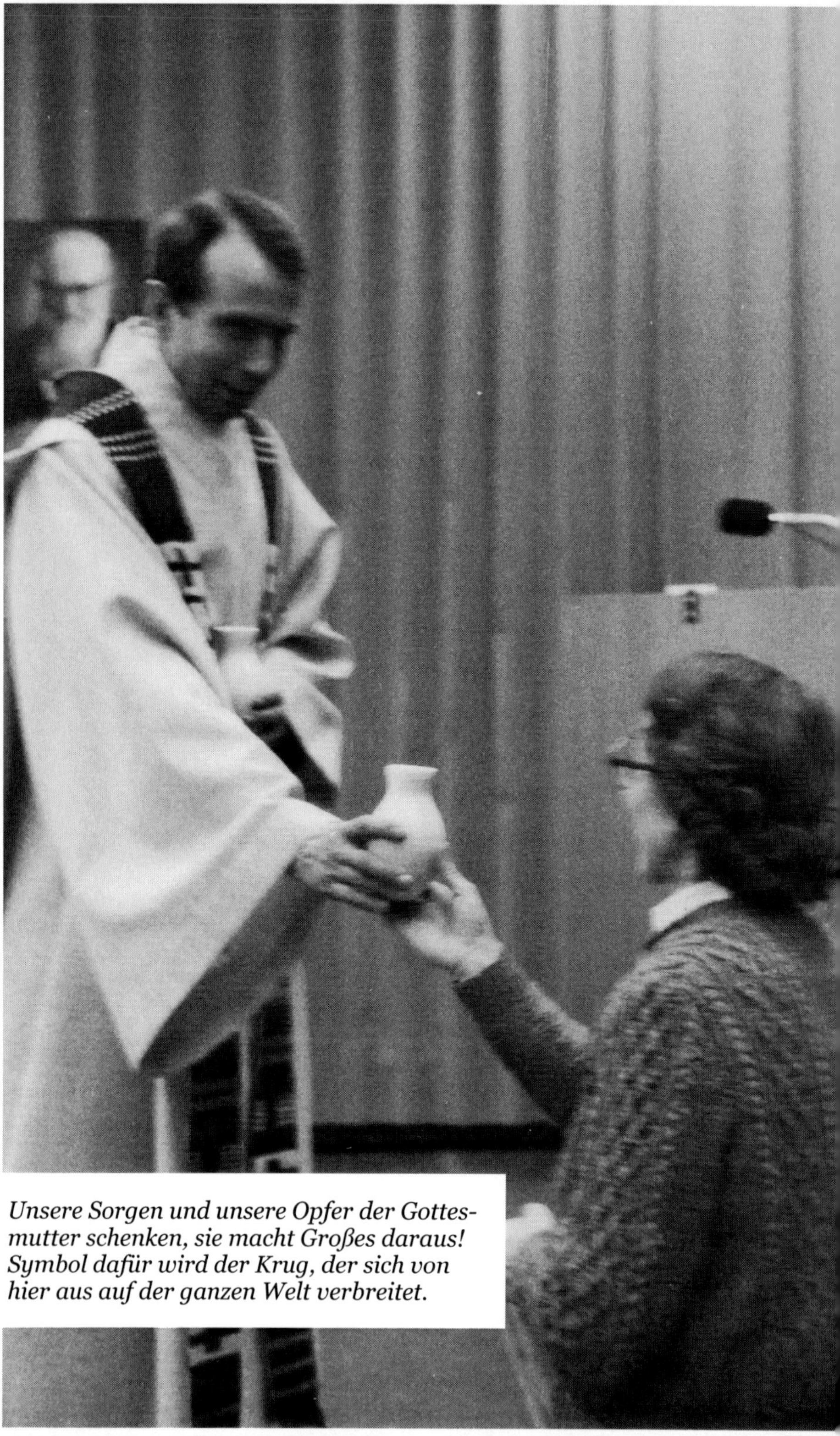

Unsere Sorgen und unsere Opfer der Gottesmutter schenken, sie macht Großes daraus! Symbol dafür wird der Krug, der sich von hier aus auf der ganzen Welt verbreitet.

Es hat mit den Ameisen begonnen

Christl Riedl

Die erste Begegnung mit Pater Beller – wann und wie war das?

Im Sommer 1975 haben wir mit einer Müttergruppe begonnen. Und es gab damals immer den jährlichen Oktobertag der Schönstatt-Familie - das war eine Jause, ein Vortrag, ein aktueller Bericht, eine Messe – im Pfarrhof von Kagran. Wie ich Pater Beller das erste Mal gesehen habe, da kam er die Stiege herunter, leicht wippend, nicht irgendwo am Rand sondern in der Mitte.

Ein bleibender Eindruck war dann mein erster Einkehrtag für Mütter, das war im April 1976 in Lainz im Bildungshaus. Der Vortragssaal war ebenerdig und das MTA Bild stand da, in blauem Stoff eingebettet, was mir nicht besonders gefiel, weil es echt kitschig war. Wir haben diesen Einkehrtag begonnen und mein erster Eindruck war Pater Bellers Satz: Die Gottesmutter hat einen freien Arm, wir sollen die Sorgen jetzt loslassen und uns auf den Arm der Gottesmutter setzen. Das hat er ein paar Mal wiederholt, immer wieder in einem anderen Zusammenhang.

Ich habe mir gedacht: „Ich habe eigentlich keine Sorgen, was soll ich?“ Habe das gelassen; wenn nicht, dann eben nicht. Und dann geschah folgendes. Es war wie gesagt ein ebenerdiger Raum, und ich saß auf einem Sessel, der Armlehnen hatte - durchgehende Lehnen, also verlängerte Sesselbeine - und da krochen eine ganze Menge Ameisen hoch! Ich war sehr übermütig, und wie Pater Beller dann wieder einmal eingeflochten hat, dass man die Sorgen der Gottesmutter auf den freien Arm setzen soll, da habe ich mir gedacht: „Sorgen habe ich keine, aber die Ameisen könntest du haben!“

Und dann waren die Ameisen auf einmal weg! Das war interessant, wieso waren die auf einmal weg? Also irgendwie hat es mit den Ameisen begonnen. Da ist diese Gottesmutter interessant geworden. Dieses immer wieder Ansprechen, ohne besondere Betonung, das hat mir einen Zugang verschafft.

Beim Essen saßen wir uns dann vis-a-vis - das hat sich ergeben - und wir haben uns angeschaut. Und normalerweise schaut man dann weg nach einiger Zeit, früher oder später, und ich habe mir gedacht: „Ich schaue jetzt nicht weg!“ Und er hat auch nicht weg geschaut, bis wir uns dann angelächelt haben. Geredet haben wir nichts (es war Stillschweigen vereinbart).

Du hast dann begonnen, bei den Müttern mitzuarbeiten?

Da hat relativ rasch Schwester Elmengard die Initiative gesetzt. Pater Beller wohnte damals noch in München und ist nur fallweise nach Wien gekommen, immer gekoppelt mit anderen Aktivitäten, mit den Burschen, mit dem Familienrat oder so. Schwester Elmengard hat zu mir gesagt: „Ach, übernehmen Sie doch gleich die Korrespon-

denz mit ihm, das Feedback und das Ausmachen mit dem Einkehrtag“.
Dann haben wir begonnen, brieflich die Vorbereitung für den Einkehrtag zu besprechen. Und das war insofern ganz besonders, weil Pater Beller da nicht nur gefragt hat: „Wie war das letzte Treffen, was passiert bei den Müttern und was machen wir als Nächstes?“ Sondern weil im Feedback auch meine Reaktion eingeschlossen war und er darauf geantwortet hat und darauf eingegangen ist, das ist dann auch immer sehr persönlich geworden. Das war für mich an sich eine große Hilfe, in diesem Austausch ging es dann schon bald um persönliche Themen wie das Kleinsein, die Kindlichkeit, das war ja seine große Leidenschaft, das ist damals schon angeklungen.
In einem dieser Briefe ging es auch um die Frage der Beichte. Es sind sehr viele zu ihm beichten gegangen, ich damals nicht, ich habe einen Priester gehabt, mit dem ich durchaus zufrieden war. Pater Beller ist bei den Einkehrtagen durchgehend „gesessen“ - nicht nur nach dem Mittagessen, sondern schon am Vormittag, zwischen den Vorträgen, gab es Beichtmöglichkeit. Da ist die Frage aufgetaucht: „Braucht er nicht eine Pause, ist das nicht zu viel?“ Das habe ich ihm dann auch geschrieben, da hat er entschieden abgelehnt und gesagt: Er will einfach Vater sein. Und wie wäre das in einer Familie wenn man sagt: „Ihr müsst jetzt Mutti schonen?“ (außer sie ist krank) Eine Mutter ist einfach für ihre Kinder da, und er als Vater ist für uns da, es soll nicht das Gefühl entstehen, wir müssten „Mutti schonen“.
Da habe ich ihm geschrieben – es ist nur mütterliche Sorge gewesen – dass er irgendwann auch Luft braucht (lacht). Damals ging es auch um den Begriff Gnadenkapital und dass das etwas sehr Lebendiges ist, ich habe gemeint dass man von einem Kapital sehr wohl die Zinsen abheben kann, aber das Kapital sollte man nicht zu sehr angreifen. Aber das hat er sich sehr verwahrt (lacht). Das Kapital hat er Zeit seines Lebens angegriffen, nicht nur die Zinsen, da hat er sich immer jenseits der Grenze bewegt, jenseits des Limits. Ja, er hat sich nicht geschont, absolut nicht geschont.

Er ist einmal zu Silvester gestürzt und sechs Wochen gelegen – und hat weiterhin alle Briefe geschrieben. Da hat er sich entschuldigt für die Form: „Das war diesmal nicht so schön, weil ich im Liegen schreibe." War ein bissl größer geschrieben - wenn er sich nicht bewegen durfte, schrieb er halt im Liegen.
Er hat auch insgesamt sehr spartanisch gelebt. Da war so eine Bemerkung, die er im Büro von Schwester Elmengard gemacht hat. Er kam herüber vom kleinen Haus am Kahlenberg, wo er gewohnt hat, und oben im großen Haus war die Heizung ausgefallen. Da hat Schwester Elmengard ihn gefragt, ob auch unten in dem kleinen Haus die Heizung ausgefallen ist und es da auch kein Warmwasser gibt? Da hat er gesagt, das weiß er nicht, weil er duscht immer kalt. (lacht) Und das war nicht im Hochsommer...

Und welche Auswirkung hat diese Mitarbeit für dich gehabt?
Für mich hat es die Auswirkung gehabt, dass ich wichtige schönstättische Grundbegriffe, die mich bewegt haben, mit Pater Beller durchsprechen, oder eigentlich durchschreiben konnte: Kindlichkeit, Verfügbarkeit, Gnadenkapital, diese wichtigen Dinge. Und dass ich mich mit der Gottesmutter auseinander gesetzt habe.
Unmittelbar nach dem ersten Einkehrtag musste mein Mann beruflich nach München und ich fuhr mit. Da bin ich gezielt zum dortigen Heiligtum hingefahren, es war ja das erste für mich. Ich habe gesagt: „Das schaue ich mir einmal an!" Ich wollte der Gottesmutter so quasi einmal sagen, was mir an ihr alles nicht passt - und dann wurde das die erste Begegnung mit der Gottesmutter, wo sie in meinem Bewusstsein dann Person geworden ist.
Was mir besonders wichtig war: Pater Beller hat volles Vertrauen gehabt. Er war ja praktisch die meiste Zeit nicht da, und dann haben manche Mütter gesagt: „Wenn er jetzt da wäre, täte er vielleicht so oder so sagen." Und Pater Beller hat mir gesagt: „Sie entscheiden, wie Sie es für richtig halten – und ich stehe hinter Ihrer Entscheidung." Volles Vertrauen! Und er

kommt dann nicht und sagt, wenn er da gewesen wäre, hätte er es anders gemacht. Sondern: „Sie entscheiden – und ich stehe voll dahinter, da können Sie sicher sein." Da hat er viel Vertrauen hineingesteckt und das hat mir Kraft und eine ungemeine Sicherheit gegeben.

Kannst du dich erinnern, was so ein Vortrag, so ein Besinnungstag mit Pater Beller ausgelöst hat?
Was mich fasziniert hat bei Schönstatt – sei es bei Vorträgen oder beim Oktobertag – das war diese Verbindung zwischen Glauben und Alltagsleben. Ich war an sich nicht marianisch – Maria gab es, die stand in der Bibel, die konnte man nicht wegleugnen, aber die war für mich nicht interessant, warum nicht? Die Gottesmutter war für mich in den Himmel erhoben worden, ganz hoch, so hoch dass sie nicht erreichbar war. Das war „die voll der Gnade, die da oben". Und da ein Vorbild nehmen? Das war unerreichbar, weil sie voll der Gnade war, und ich bin nicht voll der Gnade, also kann ich nicht... das habe ich auch in einer Runde offen gesagt.
Und Pater Beller hat ein sehr menschliches Bild der Muttergottes gezeigt: Sie bekommt ein Kind und das wird groß sein – und dann sind sie im Stall, und wo ist das groß? Dieser Gegensatz – und sie glaubt! Und er wird der Sohn des Höchsten genannt werden, diese Verheißung - und dann ist er 30 Jahre bei ihr und da tut sich gar nichts. Das hat er immer wieder betont, dass sie die große Glaubende ist. Dann bei der Hochzeit zu Kana, wo sie sagt: „Tut was er sagt." Er kann's, und sie vertraut darauf. Mit dieser Marienzeichnung konnte ich etwas anfangen, das war für mich die Kehrtwendung zum Marianischen, das völlig andere Marienbild.

Was haben die Begegnungen mit Pater Beller in deinem Leben verändert?
Insofern verändert, als ich mich danach ausgerichtet habe, das Aufgenommene praktisch umzusetzen und dadurch Schönstatt zu *leben*, nicht nur anzuhören und gut zu finden.

Wachstumsprinzip 4: Was wir anderen sein können
Unter den Augen eines Mentors

Einen persönlichen Mentor zu haben, oder selbst Mentor für andere zu sein – das gehört zu wertvollen Erfahrungen im Leben. Ein Mentor begleitet und unterstützt Entwicklung. Er weiß was jetzt dran ist. Er nimmt eine Entscheidung nicht ab, aber er hilft zu klären. Er bestärkt und traut zu. Er dient dem Leben des Gegenübers.
Pater Beller war ein Mentor, der aufs Ganze geht. Viele haben erlebt: Er hat wie ein Vater gesorgt und sich nicht geschont. Er hat mich groß gesehen. Er hat mich aufgerichtet. Er hat eine Last, ein Kreuz mit mir getragen. Er hat Antwort auf meine Situation gegeben, aus dem Geist Gottes. Er hat mich erleben lassen: Gott mag mich – egal was war; und weitermachen und in der Liebe wachsen.
Unter seinen Augen sind Menschen gewachsen. Sie haben sich wichtig erlebt, sie hatten einen besonderen Platz in seinem Herzen. Lieblingskind-Erfahrung, sagt Pater Kentenich. Das meiste geschah in Vorträgen, Predigten oder Tagungen – allzu viel ständige Begleitung braucht ein Mensch normalerweise nicht, weil Leben sich eigenständig entfaltet. Aber wo die Initiative kam, nahm er sich die Zeit für Gespräche und Beichte – als Mentor, als Vater, als Priester. Aus ihm sprach Gott, da strömte etwas vom Heiligen Geist - das haben Menschen für sich erlebt. Und er hat mich mitgenommen – zu Gott, zur Gottesmutter.
Das war schon ganz am Anfang so. Pater Kentenich betet als junger Priester am Gang das Brevier, bleibt kurz stehen und schaut den Burschen zu, die draußen Sport betreiben. Einer der Burschen, Alfons Weber, beschreibt es so: „Eigenartig, er brauchte nur den Blick auf uns zu richten, dann ging es wie ein Ruck durch alle; die Übungen wurden zackiger und die Sprünge elastischer. Alles bekam mehr Schwung.“ Unter den Augen ihres verehrten Pater Kentenichs – Mentor, Vater, Priester - haben Menschen ihr Bestes gegeben.

Ansonsten hat es sich insofern geändert, als ich viel Zeit in den Kahlenberg gesteckt habe (lacht).

Wie war die Zusammenarbeit mit Pater Beller?
Pater Beller hat sich dann auf den Aufbau der Familienbewegung konzentriert, da war er dann auch schon in Wien, und hat mir gesagt: „Sie könnten den Einkehrtag für die Mütter selber halten. Ja, Sie können das!“ Das hat mich bestärkt, aber das wollte ich zunächst nicht. Dann hat er sich eines Tages mit Grippe ins Bett gelegt (lacht) - sicher nicht absichtlich, aber er war krank – und dann habe ich den Einkehrtag halt gehalten. Und ich habe gewusst, er betet im Hintergrund, er schickt mich nicht nur irgendwo hinein.
Er hat auch sehr viel Zeit investiert! Er hat mich viel allein werken lassen, aber er hat mich nicht nur werken lassen, sondern auch in Gesprächen begleitet. Und wenn ich wo gesagt habe: „Wie ist das?“, dann hat er einmal nachgedacht, dann Pause gemacht (Pausen sind ja ganz charakteristisch für ihn), und dann hat er einfach alle Zeit der Welt gehabt, um mir persönlich die Dinge zu erklären, Zusammenhänge zu erklären, das konnte er ganz besonders gut. Pater Beller hat gesagt, ich muss diese Mütter auch führen können – und die kommen ja auch mit diversen Fragen. Es hat sich auch manche Situation ergeben, wo er sich dann hingesetzt und gesagt hat: „Sehen Sie, das ist so.“ Und dann hat er angefangen, und dann hat er noch und nöcher erklärt. So ein Gespräch hat locker eine Stunde gedauert, für so ein Gespräch hat er sich Zeit genommen, da hat er unheimlich viel Zeit investiert.
Wir haben uns ungefähr jedes Monat getroffen, das war nicht so strikt, aber regelmäßig. Und da ist sehr viel herausgekommen – von mir, von den Leuten. Es war kein theoretisches Reden, man könnte ja auch viel philosophieren, sondern es war immer sehr konkret und anwendungsorientiert. Was faszinierend war, er hat immer Zusammenhänge aufgezeigt – warum ist etwas so und so, warum reagiert ein Mensch so und der andere so. Er hat Strukturen aufgezeigt

oder Grundsätze - und dann Freiheit gelassen. Er hat ein sehr gutes Gespür gehabt.
Ähnlich war es in der Entwicklung eines Seminars für Pädagoginnen, das war im Jahr 1979. Ich hatte lauter Mittelschul-Professorinnen in meiner Gruppe, da meinte er: „Da können Sie stolz sein, das haben wir in Deutschland nicht!" Da hat er in einem Brief an mich geschrieben: „Man könnte überlegen - und da meine ich *Sie* -, die Pädagogik Pater Kentenichs in drei Vorträgen zur Sprache zu bringen." Die haben dann stattgefunden, in Stadlau in einem Kloster. Da ist er von konkreten Vorschlägen ausgegangen und hat gefragt: „Könnte man nicht dieses und jenes machen?" Er hätte ja auch sagen können: „Machen Sie!" Hat er aber nicht. Von Anfang an galt: „Nicht ich – sondern wir." Er hat nie gesagt: „Wir machen das so und so," sondern gefragt: „Was meinen Sie?" Und du konntest zu keiner Besprechung hingehen, ohne dir vorher etwas überlegt zu haben (lacht), weil er garantiert gefragt hat: „Und wie denken Sie darüber? Was würden Sie tun?" Das war schon immer das Wir.

Wie hat Pater Beller Vorträge gehalten?
Er konnte ad hoc über Themen reden! Für Pater Beller war das kein Problem: Wir haben jetzt die Oktoberwoche, und die Woche drauf hält er eine Tagung über das neue Thema. Er hat das - wupp - gemacht, und dann drei, vier, fünf Wochen lang, eine Tagung nach der anderen.
Er hat immer wieder gefragt: „Was bewegt die Mütter?" Nicht nur: „Machen wir ein Thema für den Einkehrtag, und ich rede da drüber." Sondern: „Was liegt in der Luft, was bewegt die Mütter?" Das sind ganz subjektive Sachen, das war ihm wichtig. Dann haben viele Teilnehmer gesagt: „Er redet, als ob er nur für mich reden täte!" Weil er die Fühler ausgestreckt hat, was da in der Luft liegt, und das sprach er dann an. Er hat das so allgemein formuliert, dass nicht die eine gewusst hat, er redet jetzt für die. Es war für jeden etwas drinnen, und es hat fast jede gedacht, er redet nur für mich. Das war ein ganz eigenartiges Phänomen. Bevor er den allerersten Einkehrtag gehalten hat, hat er am Vorabend

für die Mütter eine Heilige Messe angeboten. Danach saßen wir zusammen und haben geplaudert. Er hat einfach Fühlung genommen.
Auch an Ausdrücken hat er gearbeitet und gefragt: „Wie sagt man hier?“ Da sind wir einmal im Auto von München nach Wien gefahren. Er ist sehr gerne Auto gefahren, er hat gefragt ob er fahren darf? Ist er gefahren, und hat mir derweil einen Vortrag oder ein Konzept gegeben, ob ich das beim Fahren lesen kann? Habe ich keine Probleme. Da hat er Ausdrücke gehabt, z.B. „der Macher“, und mich gefragt, ob man in Österreich diese Ausdrücke verwendet? Das war bei uns eigentlich nicht gebräuchlich, jedenfalls nicht in der Form. Oder da hat er Begriffe getestet: „Kann man das in Österreich so sagen? Oder anders?“ Nicht einfach reden, sondern nachfragen, wie man das sagt? Darauf hat er sehr Wert gelegt.

Kannst du dich erinnern, was Schönstatt dir in dieser Zeit für das persönliche Wachstum geben konnte?
Ja, Lebensregeln an und für sich. Das war bei der ersten Beichte 1981 für mich damals völlig neu, dass Pater Beller gesagt hat: „Und was tun Sie so zur *Freude*? Was machen Sie so - Lesen, Musik hören? Freude, das gehört in die GTO hinein, das ist so wichtig wie beten.“ Also nicht: Wenn ich noch Zeit habe, dann lese ich - sondern das ist so wichtig wie beten! Dieses Sich-Regenerieren, diese Freude – das war völlig neu (lacht), das ist so wichtig wie beten! Wobei beten, das hab ich bei ihm gefunden, nicht so sehr Worte sind, sondern ein Verweilen bei Gott, mit ihm zusammen sein.
Was dann sehr prägend war: Er wollte eigentlich die ganzen Jahre weg von einer GTO, wo man eine halbe Stunde betet oder eine halbe Stunde geistliche Lesung macht, und dann hakt man ab, wenn man es gemacht hat. Er wollte *weg* von dem Abhaken - das habe ich erledigt und jetzt lebe ich mein Leben weiter. Sondern wichtig war ihm die Haltung, das Bemühen um ein Verweilen, er hat es auch genannt: „Kommunion des göttlichen Willens.“ Dass praktisch in dem, was an mich heran kommt – und da ist diese Verbindung von

Glaube und Leben – dieser Gedanke steckt: „Was will mir der liebe Gott jetzt sagen?" Das ist das Grundübel des „normalen" Kirchenbesuchers: Jetzt gehe ich in die Kirche, und jetzt lebe ich wieder mein normales Leben - und das eine hat mit dem anderen mitunter nicht viel zu tun. Es ging ihm um ein Dauer-Verwobensein, einen Dauerstrom.
Was ihm auch wichtig war, und ich gut aufgenommen habe, das war, sich von Stimmungen nicht beeinträchtigen zu lassen. „Jetzt ist Advent und da geht es mir gut und da bete ich..." Ich war knapp darauf in Jerusalem, wir sind den Kreuzweg gegangen. Da war es natürlich laut, da war der Markt und Autos und Geschrei. Viele in der Gruppe haben gesagt: „Ich wollte das jetzt besinnlich gehen!" Und mir hat dieses Sich-nicht-beeinträchtigen-Lassen derart geholfen, ich habe mir gedacht: „Damals war es auch nicht anders. Da haben die Leute geschrien, da war Lärm, und da ist halt ein Verurteilter gegangen, da ist öfters einer gegangen." Ich habe das Spektakel fast „genossen", diese Haltung war also sehr handfest und sehr brauchbar.
Was Pater Beller auch immer betont hat: Die Größe des Kleinseins, das Kind, das die Arme nach dem Vater ausstreckt, sich in seiner Erbärmlichkeit von der Liebe Gottes umfangen lässt, und Gott derjenige ist, der uns erlöst - nicht wir erlösen uns, sondern *er* will uns erlösen. Das ist sicherlich mit das Nachhaltigste, das ich mitnehmen konnte, das war glaube ich schon im ersten oder zweiten Brief, er hat das Bild eines Gefäßes gebraucht: „Wie soll der liebe Gott uns denn seine Nähe klarmachen, wenn nicht durch erlebtes Kleinsein?" In ein volles Gefäß kann er nichts mehr hinein füllen. Und das muss man zulassen.

Gab es auch Begriffe die dir aufgestoßen sind? Unangenehm waren?
Er konnte manchmal sehr derb – nein, derb ist nicht das richtige Wort. Aber wenn er unbedingt ein Ziel verfolgt hat, war er mitunter sogar unhöflich. Ich habe im Kopf, wie wir mal von München von Wien gefahren sind, und bei Holzkirchen südlich von München war ein Autounfall. Da

hat er gesagt: „Fahren Sie rechts ran!“, ziemlich barsch und in knappster Weise: „Fahren Sie rechts, und blieben Sie stehen, wenn ich sage!“ Weil da war ihm wichtig zu sehen ob da ein Priester gebraucht wird, das hat er mir aber nicht lang erklärt oder mich gebeten.
Wo er einmal sehr forsch war, das war in der Oktoberwoche. Da ging es um ein zu organisierendes Zeltlager und der Burschenführer hat nicht können, er hatte einen Ferialjob geplant. Da ist Pater Beller barsch geworden und hat ihn angefahren, er könne doch nicht in dieser Zeit einen Ferialjob annehmen! „Wenn es ums Geld geht, und wenn ich als normaler Kaplan in Deutschland tätig wäre, hätte ich 5.000 DM.“ - „Mit Rücksichtnahme kann man keine Bewegung aufbauen,“ hat Pater Beller einmal formuliert.
Und einmal hat er im Familienrat einer Mitarbeiterin was erklärt - und die Frau ist ja nicht blöd, aber sie hat es einfach nicht verstehen wollen. Da hat er verärgert reagiert. Sie ist später praktisch nicht mehr am Kahlenberg gewesen, weil sie mit Pater Beller übers Kreuz war. Und das hat er gewusst. Wie er weg gegangen ist, hat er gewusst, dass das wahrscheinlich auch sein Gutes hat, und er hat es auch ausgesprochen - denn wenn er weg ist, können andere Leute auf den Kahlenberg kommen, die seiner Person wegen nicht hin gegangen sind. Das hat er gewusst – dass Personen nicht nur hinführen, sondern auch im Weg stehen können.

War das eine Schwäche von ihm, gewisse Leute zu vertreiben - oder war das auch methodisch?
Das war schon auch methodisch. Gerade in der Anfangsphase, war er sehr darauf bedacht, wie er Schönstatt aufbaut. Da war eine Frau, die war geschieden und wiederverheiratet – und da war er sehr entschieden dagegen, dass sie in der Gruppe ist, weil er gesagt hat: „Wir sind eine katholische Gruppe und arbeiten mit Leuten, die verheiratet sind.“ Eine andere Teilnehmerin hatte auch Probleme mit ihrem Mann, und Pater Beller sagte: „Aber sie kämpft! Und man wirft den Leuten, denen es in ihrer Ehe auch nicht gut geht, aber die kämpfen, Prügel vor die Füße,

wenn man andere aufnimmt, die sich aufgrund der Probleme scheiden lassen und wen andern heiraten.“ Wenn die in der selben Gruppe sind, dann passt das nicht zusammen. Da war er so: Wir beginnen! Und wir können nicht eine Gemeinschaft aufbauen – speziell wenn man von Ehesakrament redet, Gott ist der Dritte in unserem Bunde – mit Leuten, wo das nicht der Fall ist, weil dann wird das lätschert.
Wobei er dann schon gesagt hat: „Später, in einer größeren Gemeinschaft, ist dann mehr Platz, schon auch mit wiederverheirateten Geschiedenen zu arbeiten.“ Aber eine Gemeinschaft, die sich hier erst einmal aufbaut, darf nicht mischen.

Wie hat Pater Beller über Pater Kentenich gesprochen?
Er hat öfters gesagt: Der Pater Kentenich ist so und so, er sieht das so und so. Wo er mir Zugang verschafft hat - schon bei den Einkehrtagen - das war dieses Verwobensein des Heiligtums am Kahlenberg mit dem geschichtlichen Hintergrund Schönstatts, dieses Hineingefasstsein in die Geschichte: Das Geschehen am Kahlenberg ist das selbe wie im Urheiligtum, das ist nicht nur ein Abbild, sondern ein Hineinbeziehen in das Geschehen vom 18. Oktober 1914 mit Pater Kentenich. Das war ihm besonders wichtig.
Gleichzeitig waren wir hier in Wien sehr locker im Umgang mit Pater Kentenich. Er war „Unser Vater und Gründer“, wie das halt die Österreicher gleich tun. Dagegen kann ich mich erinnern, in Schönstatt in Deutschland auf Berg Moriah haben wir als Familienrat im Jahr 1983 Pater Menningen gehört, und er redete immer vom *Herrn* Pater. Pater Menningen war der engste Mitarbeiter – und er zerfloss immer noch vor Ehrfurcht. Und wir in Österreich sagten so: „Unser Vater und Gründer“.
Pater Beller hat mir auch die Karmelbriefe von Pater Kentenich gegeben. Das war ein hektographiertes Querheft, teilweise kaum lesbar, gelbliches Nachkriegspapier. Das hat er mir mit den Worten gegeben: „Das können Sie jetzt ein halbes Jahr oder Jahr haben.“ Und diese Karmelbriefe

waren für mich der Schlüssel zur Person Pater Kentenichs. Was mich sehr angesprochen hat, war das Denken Pater Kentenichs, nicht nur die Generation im Blick zu haben, in die er selber hinein spricht und für die er sich verantwortlich fühlt, sondern wie er immer auch die künftigen Generationen hinein bezieht und immer auch für die künftigen Generationen spricht. Das hat mich sehr angesprochen, das war der Schlüssel dann.

Hast du Momente bei Pater Beller erlebt, wo er lustig und entspannt war?

Ja, das war oft! Er gehörte zu den wenigen Menschen, mit denen man - mit denen ich - wirklich herzlich lachen konnte. Und auch blödeln. 1983 waren wir auf Berg Moriah auf der Familienrats-Oktoberwoche, damals zu der Zeit hat der Papst zu reisen begonnen. Pater Beller hat angefangen zu blödeln, wie man das rationeller machen könnte, so eine Kiste wo man den Papst hineinstellt und verschickt (lacht), da hat er rumgeblödelt, da sind wir flach gelegen...

Auch im persönlichen Gespräch haben wir manchmal richtig herzlich gelacht, auch beim Beichten! Da hat er eben die Hintergründe und Zusammenhänge erklärt, mit einem „So ist das!" bekräftigt, und dann hat er angefangen, darüber zu lachen – über die Tricks, wie der Diabolos das so macht. Einmal haben wir so herzlich gelacht, da war das Sprechzimmer gleich neben dem Speisesaal, da hat er gesagt, jetzt müssen wir aufhören zu lachen, was denkt sich sonst die Schwester draußen? (lacht)

Wie bist du von einer Begegnung mit Pater Beller weggegangen?

Wenn mich jemand fragt: „Gehst du gerne beichten?", sage ich auch jetzt noch: „Ja!" Weil die Beziehung von einem ungemeinen Wohlwollen geprägt war, das war die Grundhaltung. Kürzlich habe ich einen Vortrag von Schwester Doria über Pater Kentenich zum Thema „Erziehung, Ehrfurcht & Liebe" gehört, da habe ich gedacht: Da ist Pater Beller wirklich ein Abbild von ihm! Da war ein Wohlwollen, das man

auch gespürt hat. Er war durchaus ernst, aber in der Begegnung war viel Freundlichkeit und auch Lachen, der Grundtenor war Wohlwollen. Und das Wichtigste war - was *mir* wichtig war -, das war eine Handbewegung von ihm, die ihr sicher auch kennt: Nach dem Sündenbekenntnis, da hat er dann eine Stille gehalten, aber das war kein Nachdenken, sondern ein Mitnehmen zur Gottesmutter, zu Gott, zu Pater Kentenich. Irgendwo ein Hinhalten, ein Emporhalten, in der Gesamtheit.
Und in diesem Zusammensein hat er dann auch Antwort gegeben. Er hätte es rein von seinen intellektuellen Fähigkeiten auch so beantworten können, aber man hatte das Gefühl: Er ist jetzt bei Gott, und mit ihm fällt er jetzt die Entscheidung, was er sagt, und nimmt einen selber mit. Und dann war diese Handbewegung, wo er dann so gemacht hat: „Hmmm“ (wischt kurz durch Luft, so als ob man etwas zur Seite wischt) und gesagt hat: „Der liebe Gott mag Sie.“
Und das war nicht so, dass er sagte: „Es ist egal was man tut.“ Nein, das Streben war wichtig, und ernsthaftes Streben, da war er schon dahinter. Aber letztlich war das Entscheidende: „Der liebe Gott mag Sie, und Sie mögen den lieben Gott, und das ist wichtig.“ Und weitermachen und in der Liebe wachsen.

Wenn er mit einer solchen Sicherheit über Gott sprechen konnte - dahinter steckte auch ein tiefes Gotteserlebnis?
Ihr kennt sicher auch die Begebenheit von seinem kleinen Bruder und seiner Mutter. Sein kleiner Bruder war ja gestorben. Und seine Mutter hatte einen Traum, den hat sie dann Pater Beller erzählt, aber nicht als Traum geschildert, sondern als Wirklichkeit – und er hat das auch als Wirklichkeit gesehen, weil er sagte, seine Mutter war ein derart realistischer Mensch. Jedenfalls hat sie ihr verstorbenes Kind vor sich gesehen und zu ihm gesagt: „Du, leg dich zu mir her, damit ich weiß ob ich jetzt träume – dass ich dich anfassen kann, oder ist das ein Phantasiegebilde?“ Dann hat der kleine Bruder gesagt (jedenfalls hat mir Pater Beller das so erzählt): „Das weiß ich jetzt nicht, ob ich das tun darf, da

muss ich nachfragen.“ Dann ist er eine Weile weg, kam wieder zurück - und ist bei der Mutter gelegen. Und dann hat er ihr gesagt: „Flenn nicht, da wo ich bin, ist es so schön.“ Die Mutter hat Pater Beller das dann erzählt. Und ich glaube, es war dann auch für ihn eine derartige Gewissheit: „Da, wo ich hingehe, ist es schön.“ Diese Erfahrung, die ihm die Mutter erzählt hat, dass der Himmel schön ist - das war so Realität für ihn, er hat mir es zweimal erzählt.
Diese Realität der Übernatur, das war für ihn ganz stark. Er hat öfter gesagt, er könnte rein theologisch vor jedem von uns eine Kniebeuge machen, weil Gott in uns wohnt. Das war für ihn Realität, und in dieser Grundeinstellung war für ihn auch die Achtung, die er jedem gegenüber erbracht hat. Er war schon ganz außergewöhnlich.

Christiana Riedl
Foto aus der Zeit der ersten Begegnung mit P. Beller

Beruf: *Unterrichtete Biologie und Geographie am Gymnasium (bis zur Geburt ihres Sohnes)*
Wohnort: *Wien*
Familie: *Verheiratet, ein Sohn*
Gemeinschaft: *Schönstatt-Mütter*
Schönstatt-Engagement: *Leitungsaufgaben*

Die größten Ideale und viel Lachen: Es hat die Burschenjugend gepackt, wenn Pater Beller davon sprach: „Unsere Zeit braucht Heilige!“

Wo sind unsere Heiligen in Österreich?

Helmut Schröer

Die erste Begegnung mit Pater Beller, wie war das für dich?

Das war spannend. Damals war ein Pater angekündigt, es war der 2. November 1973, und es ging um die Weihe an die Gottesmutter. Ich war Ministrant in einer Ministrantengruppe, wir waren Burschen von zehn bis 14 Jahren, und ein Teil der Ministranten hatte ein Jahr davor mit einer Schönstatt-Gruppe gestartet. Es hat mit dem Mesner Roman Gratzenberger begonnen, der hatte sich bei den Schwestern einiges an Informationen geholt und uns dazu eingeladen. Wir hatten uns schon das Ideal „Ritter der Königin“ gewählt, und waren auf zwei Zeltlagern gewesen, wo Schönstatt-Studenten wie Ansgar Bausenhart oder Herbert Frick uns begleitet haben.

Was weiß man als zwölf-, 13-jähriger über eine Weihe? Wir weihen uns der Gottesmutter und haben gewusst, es kommt ein Pater zu der Weihe. Es wurden unsere Eltern eingeladen, für Sonntag Nachmittag – die Weihe sollte nicht beim normalen Sonntagsgottesdienst, sondern in einer separaten Messe stattfinden.
Wir waren zuerst mit Pater Beller am Samstag zusammen, da habe ich ihn das erste Mal gesehen. Er hat wahrscheinlich Vorträge gehalten, ich weiß es nicht mehr so genau und habe von dem Tag keine Mitschriften gefunden, aber mit Sicherheit (lacht)! Und der zweite Tag war dann unsere Weihe. Wir waren Bernhard und Bruno Mucha, Toni und Helmut Schröer, Alexander Lagler, Toni Kornfeind, Peter Scheidt, Harald Schiffl und Roman Gratzenberger. Der Roman hat dann noch eine zweite Gruppe aufgebaut, genau in der selben Phase, mit einigen Älteren, das waren alles Fleischhauer der Firma Weiser, Jürgen Freudensprung, Hans Widhalm und Toni Ettl, diese drei waren etwas älter als wir, sie haben auch in dieser Zeit Schönstatt und Pater Beller kennengelernt; das waren die 18- bis 20-jährigen, und wir die 13- bis 15-jährigen.
Wir haben dann die Weihe feierlich abgelegt, Pater Beller hat zelebriert, unser Herr Pfarrer hat mitgefeiert und wir haben jeder selber ein Weihegebet formulieren dürfen und es in Stille gebetet, wir haben es nicht laut vorlesen müssen. Das war unsere erste Weihe. Und die erste Begegnung.

Was war die Wirkung dieser ersten Begegnung – hast du da noch mehr in Erinnerung?
Die Wirkung? Pater Beller konnte Visionen skizzieren, er konnte begeistern für Visionen und konnte das sehr farbig bringen, sehr lebendig. Jeder kennt den Satz von Martin Luther King: „I have a dream!", und er hat von diesem Traum gesprochen, und das hat entzündet.

Welcher Traum hat dich entzündet – welcher Traum war das am Anfang?
Die Welt zu verändern! Die neue Welt, der neue Mensch, die neue Gemeinschaft, diese Kernbotschaften Schönstatts, es

waren genau diese! Und es hat mich wirklich angezündet - wir hatten in dieser Zeit auch einen Kaplan in der Pfarre, der bei der Fokolarbewegung war, und uns Burschen auf GEN-Lager mitgenommen hat - und ich habe mich dann aber anders entschieden und es ihm auch gesagt: „Ich bin Schönstätter!“ Das war noch, bevor ich Pater Beller kennengelernt habe, aber was da der liebe Gott, der Heilige Geist mit mir getan hat, dass ich den Kaplan überzeugen konnte - ich habe so wenig gewusst, aber ich war überzeugt, dass Schönstatt meines war.

Bei Pater Beller war es diese große Vision – das Alltägliche natürlich genauso, Selbsterziehung, diese Dinge, aber diese Vision, auf eine Vision hin leben.

Pater Beller hat uns groß gesehen. Das bestätigt sich in den Briefen, wo er immer wieder schreibt: „Besprich das mit dem Rat (Leitungsrat der Schönstatt-Burschen) und entscheide das.“ Das heißt, er hat immer wieder den Ball zurückgespielt: „Entscheidet ihr das, oder entscheide du das. Bereite das vor.“ Er fragte auch immer: „Welche Strömungen nimmst du wahr?“ Diese Dinge wollte er hören. Jeden Brief beginnt er: „Danke für deine Berichte.“ Er hat sich durch mich immer wieder sehr stark informiert gefühlt, weil ich ihm einfach geschrieben habe. Später, nach der Mitgliederweihe, war er mein Seelenführer, und da habe ich ihm monatlich geschrieben. Das waren Briefe in einer Phase, wo ich ihm schon manches anvertraut habe, weil ich zu ihm beichten gegangen bin.

Die nächsten drei, vier Jahre warst du Teil der Schönstatt-Burschengruppe - wie war diese Zeit?

Es waren die Vorträge, über die er Inspiration vermittelt hat, weniger die Gruppenarbeit; die Gruppenarbeit war immer danach, wenn er wieder weg war. Alle Vierteljahr ein Wochenende lang Vorträge. Es waren Führerschulungen, die wir Samstag und Sonntag abgehalten haben. Die haben wir am Anfang in unserer Pfarre in Kagran abgehalten – dann hat er gemerkt, die Muchas haben so viele Tanten, Omas und Onkel, und die Schröers haben auch so viele

Verwandtentermine und müssen ministrieren, es gab halt immer irgend welche Ausreden und Pflichten, um die Führerschulung zu unterbrechen. Und das hat er schier nicht ausgehalten: Wenn Führerschulung ist, dann ist Führerschulung, und da gibt es keine Entschuldigung (lacht).
Da war es für ihn willkommen, dass Pfarrer Kristof eine Pfarre in Walterskirchen (Weinviertel) hatte, weit weg von Wien, wo man damals mit dem Auto eine Stunde Fahrzeit brauchte. Ein Führerschulungswochenende - das war Programm pur, bis in die Nacht hinein. Da waren sicher drei Vorträge am Samstag und drei am Sonntag, ja, das war intensiv.

Und das war kein Problem für euch?
Überhaupt nicht. Unsere Begeisterung und unser Interesse hat dazu geführt, dass wir zusätzlich eine Intensivwoche gemacht haben, zwischen Weihnachten und Neujahr in München. Es war die Intensität des Materials, was er uns da aufgeladen hat und das hat es uns angetan. Die Vorträge der München-Tagungen haben wir niedergeschrieben (30 bis 50 maschinengeschriebene Seiten). Wir waren 15, 16, 17-jährige – wo man sicher alles andere im Kopf hat, als Vorträge anzuhören und abzutippen. Seine starken Vorträge haben uns einfach begeistert!

Wie ist man von so einer Tagung heimgefahren, von so einer Begegnung mit Pater Beller - was war die Nachwirkung?
Man hat sich schon immer ein Stückweit größer und wichtiger gefühlt als man ist. Und der Rucksack war einfach voll – jetzt muss man es angehen, jetzt muss man die Welt erobern!
Also, er hat den Bogen immer so weit gespannt, dass er uns auch in den jüngsten Jahren schon immer gesagt hat: „Wir brauchen Heilige (immer sehr deutlich), die wir im Schatten des Heiligtums begraben, die wir schon vor dem Fundament dieses Heiligtums benötigen." Er ist mit solchen „Wahnsinnsbotschaften" schon uns jungen Burschen entge-

gen getreten, z.B. hier in diesem Brief: „Ich liege da und denke nach: Wo sind unsere Heiligen in Österreich?“ (zeigt den Brief). Das ist immer wieder gekommen, also er hat den Bogen so intensiv gespannt, nicht nur mit der Vision - wobei, das ist auch eine Vision, Heilige zu haben und den Mut das auszusprechen. Wir haben es alle gelernt, auch in seinem Schatten, so etwas dann in den Mund zu nehmen: „Wir brauchen Heilige!“

Das hört man sonst nirgends?
Nein, das hört man nirgends.

Als Jugendlicher in der Pubertät, einer Zeit der Selbstfindung und des Selbständigwerdens – war das dann auch einmal zu viel?
Ich habe bei ihm nicht die Not gehabt, dass mich das überfordert hätte, weil wir haben uns mögen und gut verstanden, und wir haben nach der Arbeit unheimlich viel gemeinsam gescherzt und geblödelt. Wie wir älter waren, hat uns Pfarrer Kristof abends z.B. nach einem Zeltlager zu einem Glas Wein eingeladen. Da kam es schon vor, dass wir mit Pater Beller und Pfarrer Kristof bis tief in die Nacht zusammengesessen sind und über Gott und die Welt philosophiert haben. Es waren wirklich sehr geistreiche und sehr lustige Gespräche! Pater Beller war kein Kumpel, aber es war ein nahes Verhältnis. Und dann seine starken, seine wirklich starken Vorträge, die wir alle kennen. Wir waren nicht per du, klar war das ein Vater-Kind-Verhältnis, in dem wir waren, aber wir waren uns sehr nahe trotz der Distanz - sein Hauptarbeitsfeld war ja in Deutschland. Telefoniert haben wir wenig, war nicht die Zeit, war auch noch teuer (in meinem Elternhaus habe ich erst ein Telefon bekommen, als ich 16 war - kann man sich heute gar nicht mehr vorstellen). Einander geschrieben haben wir immer wieder.

Du hast ihm regelmäßig berichtet – warst du da Gruppenführer?
Ich war Gruppenführer. Neben den „Rittern der Königin“ hat es zwei kleinere Gruppen gegeben, eine hat der Harald

Schiffl und eine hab ich geführt, dann eine dritte, mein Bruder Toni, dann hat auch Bruno Mucha mal kurz eine Gruppe gehabt, und es hat noch Gruppen gegeben in den ehemaligen Pfarren von Pf. Kristof, in Wien 3, St. Otmar und in Gr. Wiesendorf (Niederösterreich). Und in Bruck a.d. Leitha hat es zwei Burschen gegeben, keine Gruppe, aber die waren in unserer Alterskategorie, und die haben wir dann mit eingeladen zu den Führerschulungen.
Es war immer wieder meine Aufgabe, Kontakt zu den anderen zu halten. Der erste Burschenleiter, der hätte per se Bernhard Mucha sein sollen, aber der ist ins Seminar eingetreten, damit war er abserviert aus diesem Karriereschritt (lacht), so wurde der Älteste unter uns Burschen, Christian Rigler, zum Leiter der Schönstatt-Burschen. Ich hatte viel Kontakt mit ihm, weil er in der selben HTL, wo ich war, das Abendkolleg absolviert hat. So habe ich ihn immer wieder getroffen. Ich war in Kagran zu Hause, und hatte dadurch mehr Kontakt mit den Schwestern und mit Pater Beller. Christian Rigler war die eingesetzte Leitungsperson, aber bei den Ratssitzungen, war ich dann meistens als Vertreter der Burschen dabei. Pater Beller hat schon früh begonnen, eine Art Familienrat zu bilden, um alle Gliederungen in einem gemeinsamen Gremium zusammen zu holen.
Als Stellvertreter von Christian bin ich schon sehr früh in eine führende Rolle gekommen. Und zwei Jahre später war ich Burschenleiter, mit 16, und blieb das bis 20, das war 1980. Damals waren die Ratssitzungen in Kagran, da war Herr Freudensprung dabei, Frau Helmert hat Protokoll geführt, Ehepaar Mesli war dabei, Frau Hainrer und ein paar Frauen von Schönstatt, und Frau Riedl.
Das war der Familienrat; und es gab zweimal im Jahr ein größeres Treffen mit allen Schönstättern. Zuerst im Kagraner Pfarrsaal, später dann in Strebersdorf, da kamen schon 200 Leute zu diesen Treffen. Das war in den Jahren von 1975 bis 1980.

Wann fingen die Burschenlager an?
1974 war das erste österreichische Burschen-Zeltlager, ab da war es jährlich, irgendwann kam ein zweites Lager dazu.

Wachstumsprinzip 5: Zwei wichtige Pole
Spannung und Freude!

Im Wald scheint es sehr ruhig zuzugehen, wenn man sich das Miteinander von Bäumen, Sträuchern und Gräsern ansieht; alles scheint friedlich zusammenzuleben. Und doch, wenn man genauer hinsieht – wie viel Kampf herrscht da um Licht und Luft, um Nahrstoffe und Boden. In Wirklichkeit besteht da ein großer, wenn auch stiller Wettbewerb.
Pater Kentenich hat vieles dem Leben abgelauscht. Er hat beobachtet, dass Wettbewerb anspornt, herausfordert und weckt. So lange es ein „edler wohl disziplinierter Wettbewerb des Geistes" ist, formuliert er – und es den Blick auf ein gemeinsames Ziel gibt, das die Kräfte bündelt.
Die Burschen erleben – wir sind wichtig! Pater Beller investiert viel Zeit für uns, er ist für uns da, wir sind die ersten und die wichtigsten. Die Familien sind überzeugt – wir haben einen ganz besonderen Platz, wir sind die Träger von allem, und Familie ist ein echter Berufungsweg. Und da sind die Mütter...
Das Schöne ist – sie haben recht. Jeder darf sich als besonderes Lieblingskind Gottes und der Gottesmutter fühlen. Pater Beller hat im Einzelkontakt immer die Person oder die Gliederung, die er vor sich hatte, groß und einzigartig gesehen. Das hat Kraft gegeben. Und durch seine echte, genuine Freude am Einzelnen hat er die Spannung auch wieder aufgehoben.
Oft hat er Vergleiche aus der Industrie gebracht, wo es parallele Abteilungen für wichtige Entwicklungen gab – die wichtigsten Dinge überlässt man nicht nur einer Einheit. Er selber hat seinen eigenen Kurs der Schönstatt-Patres immer als „Mafia" bezeichnet, weil seine Mitbrüder an wichtigen Stellen wirkten und überall ihre Finger drinnen hatten – der Stolz war unüberhörbar.
Als Erzieher sollten wir uns immer wieder fragen, ob wir unnötig Spannung weggenommen haben? So formuliert Pater Kentenich einmal.

Pater Beller hat sich immer mit dem Führungsteam nach dem Mittagessen zurückgezogen, um die Lage zu sondieren und die nächsten Schritte zu planen. Die Kinder hatten da ihre freie Zeit und kein Programm. Wir Führer sind als Führungsteam zusammen gesessen mit Pater Beller und hielten unsere „Management-Sitzung“. Dabei haben wir enorm viel gelernt. Führungspersönlichkeiten hat Pater Beller schon immer erkannt – er konnte die Leute sehr schnell einschätzen. Es war interessant, über Leute mit ihm zu reden, und er hat uns auch gefragt: „Wie seht ihr den oder den?“ Sein psychologischer Blick war unvergleichlich und er hat manches bei den Burschen vorausgesehen – von zwei elfjährigen Burschen aus meiner Gruppe hat er gesagt: „Also, das werden Führungskräfte.“ Das war beim ersten oder zweiten Zeltlager, an das kann ich mich gut erinnern. Heute führen beide ein Unternehmen.

Er hat den Menschen also schnell und gut aufgenommen?
Ja, und hat uns teilnehmen lassen an der Analyse. Wir haben oft stundenlang geredet und Visionen gesponnen, und er hat die Zeit dazu gehabt. Er war in Wien, und sein persönliches Kontaktfeld war am Anfang nicht so umfangreich, das hat er Schwester Elmengard überlassen, sie hat alle Kontakte geknüpft und an ihn weitergeleitet. Ich konnte ihn daher leicht direkt ansprechen, die Burschenarbeit war ja seine erste Aufgabe in Österreich, später dann auch Familienarbeit. Wir Burschen haben immer gesagt: „Familienarbeit macht er nebenbei“ – wir Burschen sind wichtiger! (lacht) Ich war sehr spontan in der Kontaktaufnahme. Wir haben gefragt, wann er wieder in Wien ist, und oft bin ich ohne Terminvereinbarung mit dem Radl einfach hin gefahren, um mit ihm zu sprechen.

Du hast viel Zeit in Schönstatt gesteckt – was hat dich da in Summe so gepackt, wie hast du da deine Berufung entdeckt?
Es war sicher einmal die grundlegend religiöse Haltung, die ich schon von zu Hause mitbekommen habe. Mir war es

wichtig, neben der Sonntagsmesse einfach während der Woche mit der Kirche Kontakt zu haben. Ich habe ministriert, habe einfach diese Nähe zur Kirche gesucht, diese Stille. Aber das allein wäre nicht die Lösung gewesen, sondern auch in der Kirche etwas mitarbeiten zu können.
Es gibt dann Bücher – wenn ich schaue, was ist am meisten abgegriffen von meinen Büchern, dann waren das oft so Aphorismen-Sammlungen von Pater Kentenich, weil ich nicht der große Studierer war. „Für eine Welt von morgen" oder so, das sind die kleinen Hefte, die ich geschluckt habe und auch immer dabei gehabt habe – um „für eine Welt von morgen" zu leben. Ein dickes Buch zu wälzen und zu studieren, war sicher nicht so meines. Jedoch neuen Geist, neuen Spirit aufnehmen und dann wieder etwas Praktisches tun können.
Ich war relativ schnell eingesetzt – und dann war ich schon als 14-, 15-jähriger in einem Kreis von Erwachsenen und konnte mitreden! Also hab ich halt mitgeredet und bin mitgewachsen. Pater Beller ist selbst aber auch sehr stark gewachsen in Österreich – er hat diese originellen Typen gebraucht. Er hat es weniger mit den ganz leisen gehabt. Er hat mehr Leute gesucht, die einen gewissen Erobererdrang hatten, auch wenn sie mehr Kanten hatten. Wenn sie zu dominant waren, wie z.B. Frau Helmert bei einer Sitzung, hat er auch sehr heftig reagieren können. Es lag ihm sehr daran, ein „neues eigenständiges österreichisches Schönstatt" zu entwickeln und nicht „deutsche Erfahrungen" zum Maßstab werden zu lassen.

Hast du das damals erlebt, dass er Menschen heftig behandelt hat?
Aber total! Die hat er einige Male sehr heftig eingeschränkt, da kam es schon vor, dass er sagte: „Das hat hier keinen Platz, hören Sie damit auf!"

Was hat das ausgelöst bei dir?
Betroffenheit, und auch Schock. Frau Helmert war auf Grund ihrer langen Schönstatterfahrung manchmal sehr

dominant – und er hat sie mit der Schockmethode behandelt und konfrontiert. Das habe ich ein paar Mal in ähnlicher Weise erlebt. Einmal bei den Burschen, es war ein bunter Vogel, sehr extrovertiert, dem hat er gesagt: „Ehrlich gesagt, was du da tust – du lässt ja nur Luftballons los! Was von dir echt ist, das muss man erst suchen, alles was von dir kommt, das sind lauter Luftballons.“ So in der Runde, wir waren zehn Burschen - eine Schocktherapie, wenn einer so konfrontiert wird.

Der ist dann weg?
Nein, der ist dennoch dabei geblieben, aber manche blieben auch auf der Strecke.

Hat er dir solche Dinge gesagt – solch „harten Tobak“?
Nein. Was waren vielleicht harte Aussagen? Er hat mich schon immer wieder erinnert, dass ich genug Pausen habe oder genug Zeit fürs geistliche Leben, so Lebensempfehlungen - in diese Richtung. Aber keine Schocktherapien. Eher wenn es darum ging, als Erwachsener nach dem Höheren zu greifen. Er hat kritisiert: „Warum machst du diesen Job?“ Ich habe ihm gesagt: „Ich kann nicht gleich Chef sein!“ Aber er war überzeugt: „Du musst eine Führungsaufgabe machen.“ Ich hatte eh immer Leitungsaufgaben, aber er wollte, dass ich gleich in einer Chefetage einsteige: Nur, als 20-jähriger kann man nicht gleich Chef sein. Da war er furchtbar ungeduldig. Er war der einzige Mensch, der mich immer gefragt hat: „Was verdienst du jetzt?“ Dann ist er vagabundiert zu anderen und hat mein Gehalt verglichen mit anderen - nur, die anderen waren oft zehn oder 15 Jahre älter, waren schon in der Mitte ihrer Karriere, z.B. bei einem Großunternehmen, und ich war immer bei kleinen und mittleren Unternehmen. Aber er wollte immer: „Unsere Top-Leute müssen gut verdienen!“
Bunte Leute haben ihn schon immer fasziniert. Da hatten wir Leute, die sind aufs Zeltlager gekommen völlig ohne Koffer und Gepäck. – und Pater Beller perfekt vorbereitet mit seinem vollen Gepäck, seinem Zelt, Feldbett, und die Ausrüstung vom Pflaster bis zur Hacke, alles mit. Und

Christian kam mit einer Badehose, Jean, Schlapfen, Leiberl, Natojacke und Zahnbürste – sonst gar nichts! Kein Gewand zum Wechseln, gar nichts. Und der Martin genau so. So sind sie aufs Zeltlager gekommen, einfach ohne Gepäck. Das hat ihm immer getaugt, wenn er so Menschen kennen gelernt hat, die anderes waren als er. Für die hat er ein Faible gehabt, auf die ist er völlig abgefahren. Leute, die Vitalität haben, und Originalität, mit denen hatte er große Freude.

Wie hast du das erlebt, dass der Kahlenberg als Zentrum zum Thema wurde?
Also, das war schon eine Riesensehnsucht mit dem Kahlenberg. Pater Beller schreibt in einem der Briefe: „Darf ich dir ein Geheimnis verraten? Sprich mit der Schwester." Das war 1980 oder 1979, d.h. da waren schon die ersten Gespräche mit dem Kahlenberg. Es wurde nicht so ausgesprochen, aber es war schon eine ziemliche Sehnsucht in Richtung Heiligtum. Das war für uns alle ein Meilenstein damals, als das wurde.

Würdest du sagen, du hast durch Pater Beller auch Pater Kentenich kennengelernt?
Das war die Schwester Elmengard, die uns schon in der Ankündigung gesagt hat: „Pater Beller ist einer, der sehr, sehr authentisch über Pater Kentenich sprechen kann, der einfach sehr viel von ihm inkarniert hat" – ich weiß nicht, ob sie das Wort inkarniert gebraucht hat, aber der ihn jedenfalls ganz, ganz authentisch wiederbringen kann.

Schwester Elmengard hat Pater Kentenich noch persönlich gekannt und wusste wovon sie spricht?
Ja! Und diese Aussage gab es mehrfach bei ihr: „Das ist einer von den besten der Patres," wenn es darum geht, Pater Kentenich zu bringen. So wurde er uns von Schwester Elmengard angekündigt. Und ich bin überzeugt, dass er viel, wirklich sehr viel Charisma mitgenommen hat, und natürlich auch Wissen. Was mich am Pater Beller fasziniert hat, das war, dass er relativ viele Textpassagen wortwörtlich

richtig zitieren konnte. Seine Aussage, dass er mit 17 Jahren bereits das Himmelwärts auswendig konnte und dass das selbstverständlich ist, mehr oder weniger, wenn man Schönstätter ist, das hat uns natürlich am Boden zerstört (lacht). Er war eine große geistige Größe, vom Wissen her. Aber er konnte dennoch so sprechen, dass wir 13-, 14,- 15-jährigen Burschen voll mit dabei waren. Es gab kein intellektuelles Gefälle, das er uns hätte spüren lassen. Aber die geistige Größe faszinierte uns.

Er hat uns erzählt, dass - bevor er nach Österreich gekommen ist – er einige Jahre als Kaplan in Aalen in Deutschland tätig war. Da haben sie zehn Gottesdienste am Sonntag gehabt, und er hatte oft die Hälfte oder ein Drittel davon. Tausende Menschen sind zu ihm in die Sonntagsmesse gekommen, die hat er begeistert. Und dann hat er uns gesagt: „Und damit habe ich aufgehört! Ich rede nicht mehr, um Leute zu begeistern." Das hat uns als junge Leute fasziniert – wir waren noch immer begeistert und haben gesagt: „Wie muss der vorher geredet haben?!" (lacht) Da muss er unglaublich viele mobilisiert haben in dieser Kaplanszeit. Die Sprache war eines seiner ganz großen Talente, und dazu sein ganz großer Wissensschatz.

Wie hat sich Schönstatt in deiner Schulzeit bzw. dann im Beruf ausgewirkt?

Für mich war das erste Schönstatt, und das zweite war die Schule. Manchmal bin ich nachmittags in der Schule eingeschlafen und ich habe meinen Lehrern erklärt: „Ich habe so viele apostolische Aktivitäten, und jetzt brauchen ich und mein Kreislauf diesen kurzen Schlaf, dann bin ich eh wieder da." Ich habe nicht hinterm Berg gehalten. Etliche von uns waren so, der Bruno war genauso, der Harald war genauso, wir haben das unsere Umgebung einfach wissen lassen: „Das ist es, Schönstatt ist uns das Wichtigste! Das taugt uns mehr als alles andere."

In der HTL habe ich gesagt: „Wir haben zwar eine Religionsstunde, aber das ist zu wenig, ich mache für Freiwillige eine zweite! Ich biete eine Extra-Religionsstunde an." Ich habe

das dann für ein paar Leute gemacht, aus denen sind später die „Wegweiser“ entstanden, eine Schönstatt Studentengruppe, die der Gustav Sperat dann gestartet hat, der Gottfried Meches und noch ein paar.
Zur Maturareise haben wir eine Tagung im Stift Zwettl organisiert: Tage der Einkehr - und dann ins Leben! Es hat keine andere Alternative als Maturareise gegeben. Die halbe Klasse war mit, mit dem Subregens vom Priesterseminar, den haben wir als Referenten gewonnen, dann ist sogar der Direktor von der HTL rausgekommen, weil er das nicht glauben konnte – Maturanten machen Einkehrtage? Wir waren im Stift und haben Tagung gehalten mit Maturanten, verrückt! Pater Beller hat mir damals schon sehr viel Spirit mit auf den Weg gegeben, und so hat er auch andere bewegt. Er konnte uns unheimlich entzünden.
Und für den Beruf – ich war an sich eher ein stiller Mensch und wurde „aufgeweckt“ durch die Möglichkeit, an sich zu arbeiten, sich ein Persönliches Ideal zu suchen, zu entwickeln, und da war er natürlich ein wichtiges Werkzeug zwischen meiner Kindheit und meinem Erwachsenwerden.
Und das ist wirklich ein Geschenk – prägende Jahre hast du natürlich auch davor im Elternhaus. Aber wenn du dann so einen geistlichen Begleiter mit 13 oder 14 Jahren kennenlernst, da kann man wirklich nur dankbar sein. Es ist heute auch eine meiner wichtigsten Fürbitten, wenn ich für meine Kinder etwas bitte, dass sie so Leute kennenlernen, die sie hochziehen.

Hochziehen würdest du sagen?
Ja! Wobei, er hat den Ball immer zurückgespielt: „Entscheidet ihr, wägt das im Rat ab. Macht einen Vorschlag, gebt mir den Vorschlag dann weiter.“ Immer wieder diese Aussagen. Er hat auf das vertraut, was wir Jungen da bringen.

Da hat man sich ernst genommen gefühlt? (Helga kommt dazu)
Wir haben dann viel gemeinsam gemacht, z.B. an Helgas 18. Geburtstag hat es eine Party gegeben. Und ich habe ihm das

erzählt: „Wir haben da morgen ein Party bei der Helga.“ Dann haben wir weiter gesponnen - da sind 30 Jugendliche – und dann mit ihm die Idee entwickelt: Wir machen bei der Party einen Gottesdienst in ihrem Garten. Pater Beller ist gekommen und wir haben einen Gottesdienst bei Helga im Garten gemacht – die Eltern haben nur so geschaut! Zwei Drittel der Leute waren von der Pfarrjugend und ein Drittel Schulfreunde, da am Violaweg im Garten bei Helgas Eltern. Bei solchen Streichen, von jetzt auf morgen organisiert, da war er voll dabei.

Und was war dein erster Eindruck von Pater Beller, Helga?
Helga: Mein allererster Eindruck war das Zeltlager, am Elternabend. Helmut hat gesagt, er hat eine Freundin, und Pater Beller hat gesagt zu ihm: „Zeig sie mir, stell sie mir vor.“ Und dann bin ich zum Elternabend – ich habe aber nicht gewusst, dass das so ein Kennenlernen war und ich ihm da vorgestellt werden sollte. Ich bin dann mit Helmuts Eltern zum Elternabend gegangen. Mein Eindruck war: Ziemlich dynamisch war er, er hat mir schon gefallen. Und später bin ich bei den Studentinnen dazu gekommen. Seine Vorträge haben mir sehr gut gefallen, weil es immer so um das Persönliche gegangen ist. Mir war das fast manchmal ein bisserl unangenehm, was er alles so gewusst hat von einem. Ich bin mir oft vorgekommen wie ein offenes Buch, weil er oft das auf den Punkt gebracht, was mich gerade bewegt hat. Er hat angesprochen, was wirklich Thema war. Das war das Unangenehme - oder auch das Faszinierende, es ist ja beides.
Wenn ich mich an die Tagungen erinnere, das war dann später, da hat er so ganz prägnante Beispiele gebracht, die man einfach nicht vergessen wird, z.B. bei der Kindererziehung: „Ihr müsst eure Kinder zu Wölfen erziehen“. Das bleibt einfach, das habe ich heute noch. Und das wird dann zu einem Sketch am Bunten Abend, du spielst das und das bleibt dir in Erinnerung. Ich weiß noch wie wir mit Hammers – die haben vier Kinder gehabt, und wir haben vier Kinder gehabt – dann gescherzt haben am Nachmittag:

„Unsere Kinder zu Wölfen erziehen, haha!“ Und dann haben wir einen Reality Sketch gespielt, wo wir mit acht Kindern einen einzigen (!) Eisbecher auf den Tisch gestellt haben. (lacht) Oder, der Vater, wenn er heimkommt, muss sich zuerst in eine Höhle verkriechen können, bevor er wieder ansprechbar ist – das hat so viel Wahrheit, und diese Bilder bleiben dir, und die kann man auch selber gut verwenden, wenn man einen Vortrag hält – dem Vater die Höhle bieten, oder die Kinder zu Wölfen erziehen. Viele, viele Bilder.

Helmut: In der bildhaften Sprache, da ist er ein Meister gewesen. Ich glaube in dem Punkt ist er sogar besser als Pater Kentenich. Aber, den haben wir ja leider nicht persönlich erlebt.

Welchen Stellenwert hat Pater Beller für euch gehabt, um in Schönstatt hineinzuwachsen?
Helmut: Für mich war er ganz elementar, weil er mir sehr viel vermittelt hat - besonders über die Vorträge. Und es gab ja wirklich kaum jemanden mit einer so originellen Sprache – bei ihm ging das ja über viele Jahre, und man konnte es noch immer hören, das war nicht verbraucht, weil es immer auch einen neuen Akzent gegeben hat.

Helga: Für mich auch. Aber das Persönliche ging damals stark über Schwester Elmengard, nicht über ihn. Sie war eigentlich diejenige, die Netzwerke geknüpft hat, die angerufen hat: „Wollt’s nicht? Dort ist eine Mädchengruppe,“ oder: “Möchtest du nicht zu dem Vortrag kommen?“ Also das Netzwerk-Knüpfen, das war hauptsächlich sie. Pater Beller hat sie schon sehr gebraucht dafür – und er war dann das Zugpferd dort. Vor Ort war er der Knüller. Es war gut, dass man hingegangen ist, dass sie einen motiviert hat. Er hat auch die Gabe gehabt, Leute sehr rasch zu gewinnen. Er hat mit einem Vortrag Leute fesseln können, dass die wieder kommen, das war schon super.

Helmut: Es waren seine Vorträge, diese geistige Welt die er gebaut hat, diese Vision. Gebaut hat er gleichzeitig ganz wesentlich auf Schwester Elmengard und viele andere, die Aufbauarbeit gemacht haben, in die hat er auch stark investiert. Aber er hat den großen Überbau, die große Vision, diese Zielgestalt, diese Strömung wahrgenommen und gekündet.

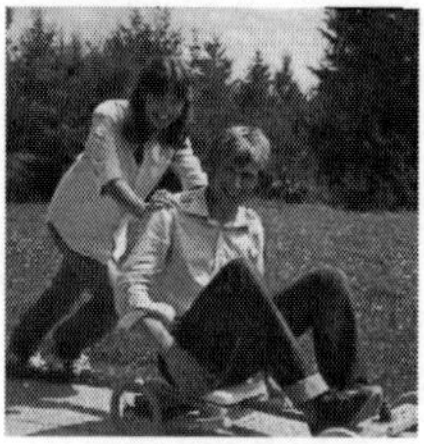

Helmut & Helga Schröer,
Foto aus der Zeit der ersten Begegnung mit P. Beller

Berufe: *Manager & Ordinationsassistentin*
Familie: *Sieben Kinder, verheiratet seit 1982*
Wohnort: *Wien*
Gemeinschaft: *Schönstatt-Familienbund (Kurs 2)*
Schönstatt-Engagement: *Langjährige Leitungsaufgaben (Burschen, Familien)*

Zweimal im Jahr kam die ganze Schönstatt-Familie zu großen Treffen zusammen - die Zielgestalt der Heiligen Stadt entsteht.

Das Bild der Frau heute hat mich gepackt

Martina Mucha

D*ie erste Begegnung mit Pater Beller – wie das war?* Bruno hat mir von Anfang an immer wieder von Pater Beller erzählt. Wir haben uns vielleicht ein Jahr gekannt, und ein halbes Jahr näher gekannt, wir waren beide Studenten. Bruno hat immer wieder vom Pater Beller gesprochen und ich habe gemerkt, dass er eine ganz wichtige Person für Bruno ist. Da hat er mir einmal gesagt, er möchte mich Pater Beller persönlich vorstellen, weil er – wie soll ich sagen – auch wissen möchte, was Pater Beller von mir hält. Das hat Bruno mir recht unverblümt gesagt, vielleicht war das auch eine Probe ob ich jetzt weggehe oder nicht, keine Ahnung. Aber auf jeden Fall habe ich mir gedacht: „Bumm, was wird das für ein Übergott sein?“ Das

war mein Eindruck von den Erzählungen. Und Bruno hat auch öfter gesagt, das bespricht er mit dem Pater Beller, und das bespricht er mit dem Pater Beller. Da hab ich mir gedacht: „So etwas bespricht man mit überhaupt niemandem!“ Das war mein Lebensgefühl damals.
Dann gab es die Josefsjause, ein Nachmittagsevent für den ganzen Schönstatt-Sympathisantenkreis. Das waren die Anfänge, da waren Leute wie Pfarrer Kristof und Schwester Elmengard dort. Da hat Bruno mich eingeladen – und ich habe mir gedacht: „Ich stelle mich diesem Übergott, mal schauen, was und wer das ist.“ Ich hatte keine Ängste, sondern habe da eher eine Herausforderung gesehen.
Wir sind zur Josefsjause hingefahren und hineingegangen. Und da stand er vor einer Glastüre, wo man zur Jause hineingeht. Ich habe Bruno schon von weitem gefragt: „Das ist er?“ Ich hatte ihn mir so riesig vorgestellt, als großer Gott, dem man alles erzählen muss - und dann war das so ein kleiner, dünner, hagerer Mann. Da war ich schon einmal beruhigt, vom Aussehen her. Bruno hat mich vorgestellt und er hat mich freundlich begrüßt. Er war sehr nett und hat mich etwas gefragt, ich habe ihm Antwort gegeben, aber sehr zurückhaltend.
Es hat mich sehr interessiert herauszufinden, wer er ist, wie er mich aufnimmt und was er sagt. Ich habe ihn genau beobachtet wie er mich beobachtet. Während seines Vortrags habe ich ihm dann genau zugehört, was er da sagt, ich habe das sehr kritisch aufgenommen. Am Schluss war ich froh, dass er doch ein Mensch und kein Übergott war - ein Pater, der weiß was er sagt und der sehr kompetent ist. Das ist mein Gefühl gewesen.

Wie ging es nach dieser ersten Begegnung weiter?
Dann ist es so gekommen, dass Schwester Elmengard mich nach jeder Sonntagsmesse in St. Georg Kagran belästigt hat, ob ich nicht in eine Studentinnengruppe kommen will? Ich habe gesagt: „Nein, das mache ich nicht. Nur weil Bruno bei Schönstatt ist, gehe ich nicht zu den Schönstatt-Studentinnen. Wenn, dann muss das meine Entscheidung sein.“ Ich habe

einen eigenen Willen und einen eigenen Entschluss, und ich war noch nicht so weit.
Nach einiger Zeit war ich dann doch bei den Schönstatt-Studentinnen. Pater Beller hat einen Vortrag gehalten, das war bei den Schulbrüdern. Schwester Elmengard hatte mich eingeladen, und ich war dort. Ich war eigentlich schon gespannt: „Was wird er mir sagen?“ Und das war schon einmal ein Schock, ganz am Anfang des Vortrags, wo er gesagt hat: „Die Fingernägel sagen einiges über den Charakter aus, ob sie schmutzig oder abgebissen sind.“ Meine waren schmutzig und abgebissen! Und ich habe mir gesagt: „Soll ich jetzt weiter zuhören, oder einfach nur da sitzen?“ Das war in dem Moment so eine Trotzreaktion.
Dann hat er über das Ideal der Frau gesprochen. Und da habe ich gemerkt: „Hoppala, das ist etwas, wo ich auf der Suche war, immer schon!“ Ich hatte mich immer wieder gefragt, was das Bild der Frau ist, das heutige Bild? Im Sport, durch meinen Vater, hatte ich ein sehr positives Bild der Frau mitbekommen, wie er nämlich Frauen behandelt hat. In der Gesellschaft war eigentlich nicht klar, was von der Frau erwartet wird? Ich war da sehr auf der Suche, weil mir innerlich nichts gepasst hat.
Und er hat genau diese Themen angesprochen. Da habe ich mir gesagt: „Ja, genau so möchte ich eigentlich sein!“ Diese Sehnsüchte in mir - wo ich gesagt hatte, damit kann ich mich identifizieren, das ist mein Innerstes - gerade das hat er angesprochen. Dann habe ich gedacht, weil ein bisschen war ich noch böse: „Soll ich es annehmen oder soll ich es nicht annehmen?“ Aber der Inhalt hat mich so beeindruckt, weil es genau das war, wonach ich schon seit meiner Pubertät gesucht hatte. Mein Gedanke war einfach: „Dass das endlich einmal wer sagt! Und versteht und Beispiele nennt.“ Das hat mich sehr beeindruckt und meine Mauer hat so langsam zu rieseln begonnen.

Erinnerst du dich, wie er das Bild der Frau charakterisiert hat?
Am Anfang habe ich das nicht verstanden, aber er hat es sehr gut erklärt, das ist das „eingegottete Magdtum“, das er

Wachstumsprinzip 6: Eine harte Lektion
Wachstum braucht Zeit

Wir leben in einer Zeit, die Schnelligkeit fordert – Bücher kann man über Nacht bestellen, ein Mail soll binnen 24 Stunden beantwortet sein, ein Computerproblem muss sofort behoben werden. Wir sind gewöhnt zu reagieren, zu lösen, zu handeln – und nicht Zeit zu haben.
„Schauen Sie einem Baum beim Wachsen zu – was sehen Sie da? Man hat das Gefühl, es tut sich gar nichts. Bäume wachsen langsam“, mit dieser Übung wurden Teilnehmer bei Schönstatt Tagungen immer wieder von Pater Beller losgeschickt. Es war wie eine Reise in eine andere Welt.
Wachstum braucht Zeit – und eine Atmosphäre, aus der man Nahrstoffe aufnehmen kann. Und zwar nicht auf einmal, nicht geballt und konzentriert und mit voller Wucht, sondern dosiert, fortgesetzt, stetig, kontinuierlich.
Was ist Schönstatt? Impulse zum Wachstum, eine Atmosphäre die anregt – durch Tagungen, Vorträge, Gruppenarbeit, Gespräche, Gebetstreffen. Es ist ein Eintauchen in einen Lebensstrom, immer wieder, das ist die Methode – wie ein sanfter Sommerregen. Der Organismus nimmt selbst auf, was er braucht. Und durch das, was mich anspricht, spricht auch der liebe Gott zu mir – eine tiefe Erfahrung.
Nicht zu viel auf einmal angehen – sondern *eine* Sache. Darauf hat Pater Beller Menschen hingewiesen. Und dann dranbleiben. So kann etwas wachsen. Geduld, wieder anfangen, wieder aufstehen. Und erst im Nachhinein sieht man dann manchmal, dass man doch ein Stück weitergekommen ist.
Pater Beller hat Zeit gelassen, er hat wieder aufgerichtet, er hat auch kleine Schritte groß gesehen. Man ist erleichtert weggegangen, man war motiviert an sich zu arbeiten. Er hat Freiheit gelassen. Seine Ergänzung war Schwester Elmengard. Sie hat Forderungen gestellt, hat Aufgaben an Menschen herangetragen, hat zur Mitarbeit angesprochen. Zwei Pole, gut verteilt, an denen man wachsen konnte.

angesprochen hat. Es ging um die kleine Maria, im Gegensatz zur Eva. Er hat die kleine Maria, das Ave, mit der Eva verglichen, das hat mich sehr beeindruckt. Überhaupt, die zwei Frauengestalten Eva und Maria haben mich sehr beeindruckt, wie er sie dargestellt hat. „Ganz Reinheit, ganz Hingabe, ganz Seele", das waren Dinge, die er dann ausgeführt hat, und das sind Worte, die mir auch heute immer wieder kommen.
Und da waren Worte wie Magdtum dabei, wo ich am Anfang gedacht habe: „Wie kann man so etwas nur in den Mund nehmen?!" Oder das Wort Dienen. Das war für mich abstoßend, ich wollte nicht irgendjemandem dienen, und schon gar nicht dem Mann. Aber er hat dann die richtige Bedeutung erklärt, wie das ursprünglich gemeint ist - also Gott in einem Menschen dienen - und nicht was die Leute meinen und daraus gemacht haben. Er hatte die ganzen Strömungen aufgenommen, die ich auch in mir hatte, und hat sie dann auf das gottgewollte Bild der Frau hin durchleuchtet. Das war sehr gekonnt.

Das heißt, die Beziehung zu Pater Beller ist durch den Vortrag gewachsen?
Ja! Und natürlich, was man nicht vergessen darf, dazu kam der Eindruck, den Pater Beller auf den Bruno gemacht hatte. Das hat mich schon auch fasziniert, das war eigentlich das erste, dass jemand so einen starken Eindruck auf einen jungen Mann hat, und dass das auch Auswirkungen auf die Beziehung zu mir hat, und zwar positive. Das war das erste, was mich fasziniert hat, und die Vorträge kamen nachher.

Was waren das für positive Auswirkungen auf die Partnerschaft?
Wie Bruno mit mir umgegangen ist – als Mitschülerin, als Frau, als intelligente Frau, als starke Frau, das können die meisten Männer nicht.

Und da hattest du das Gefühl, damit hat Pater Beller etwas zu tun, wie Bruno dich als Frau sieht und mit dir umgeht?
Ja.

Wie ging der Kontakt mit Pater Beller dann weiter?
Ich hatte immer wieder mit ihm über die Burschen zu tun, über die FOSS, die First Original Schönstatt Singers. Weil ich dort Fahrerin und Beleuchterin war - obwohl ich das eigentlich nicht sein durfte, von einigen Burschen her zumindest. Es war ein großes Anliegen von Pater Beller, dass die Popgruppe eine reine Burschen-Band ist. Er hat da sehr stark gesagt: „Schaut euch doch einmal die Popgruppen an. Die Gruppen die länger überleben als zwei oder drei Jahre, das sind reine Männergruppen oder Frauengruppen – aber die gemischten gehen nach kurzer Zeit auseinander." Und das hat gestimmt, wenn du dir die Beatles anschaust oder die Rolling Stones, alles Männertruppen. Deshalb hat er empfohlen: „Schaut, dass ihr eine reine Männertruppe seid." Erstens, weil es eine Initiative der Schönstatt-Burschen ist, und zweitens, weil sich gewisse Probleme – siehe ABBA – erst ergeben, wenn man gemischt auftritt.
Aber als Technikerin war das etwas anderes, ich habe die Beleuchtung gemacht. Bruno und ich haben auch die Beleuchtungsanlage gemeinsam angefertigt. Heute schließt du den PC an und kannst alles steuern – aber damals haben wir das alles selber entwickelt und zusammengebaut. Und dann durfte ich das auch bedienen und habe das sehr gut gemacht. Es war dann auch von Pater Beller akzeptiert – ich war ja nicht auf der Bühne, aber habe das supported.
Weil ich ein Auto hatte, habe ich öfters chauffiert. Einmal habe ich die „Vorhut" der Burschen zur Führerschulung zu Pfarrer Kristof nach Walterskirchen gebracht. Pater Beller war dort, er hat gerade an seinem Buch „Wir gehören zusammen" gearbeitet und sich bei Pfarrer Kristof zurückgezogen. Man hat mir angeboten, zum Essen zu bleiben. Pfarrer Kristof hatte eine Melone von Ungarn mitgebracht, und zwar eine riesengroße. Da habe ich Pater Beller das erste Mal so richtig lustig erlebt, er hat mit dem Pf. Kristof gescherzt und gemeint: „Kannst du bitte für uns nicht eine größere Melone bringen?" (Und die am Tisch war eh schon riesengroß!) Daraufhin hat Pfarrer Kristof die Melone genommen, ist bei der einen Tür hinausgegangen - die

Küche hat zwei Ausgänge – und relativ schnell bei der zweiten Tür wieder hereingekommen. Wir wissen bis heute nicht, ob er wirklich eine andere Melone geholt hat (lacht) oder mit der selben wieder gekommen ist, aber die Situation ist unvergesslich! Da ist viel gescherzt worden, das war recht menschlich, das hat mir gut an Pater Beller gefallen.
Dann sind die Burschen aufgestanden und haben etwas gemacht, und Pater Beller und ich waren alleine am Tisch. Da hat er mir eine Frage gestellt. Er hat mir das Buch ungefähr beschrieben, an dem er da schreibt oder schon geschrieben hat. Und er hat zwei Titel gehabt und wollte meine Meinung wissen, was mich besser anspricht - das habe ich ihm gesagt. Da ich habe gedacht: „Aha, ich habe ihn ja relativ selten gesehen, aber er fragt mich trotzdem, was für einen Titel er seinem Buch geben soll?“ Ich weiß ja nicht, ob es Zufall war, aber es hat dennoch gut getan. Er hat den Titel genommen, der mir besser gefallen hat.

Wie ist es weitergegangen?
Ich glaube, ich war ein halbes Jahr bei den Studentinnen, da ist Schwester Elmengard auf mich zugekommen, dass es eine Gruppe von Mädchen gibt, die jetzt führerlos sind, und ob ich sie übernehmen kann? Das waren die späteren „Weißen Lilien“, da war Sonja Gamper dabei, weiters Elisabeth Fellhofer, Rosi und Maria Mitter, Hemma Poysdorfer, Kiki Mayerhofer und als "externe" (nur bei den Lagern) Agnes Koblmiller und Karin Plaimer.

Und du hast gleich zugesagt?
Sie hat mir fast keine Alternative gelassen - die Mädchen sind führerlos, und die einzige, die das übernehmen kann, bin ich. Das war Schwester Elmengard. Dann hat sie gesagt, ich soll es mir noch überlegen - und hat mir aber gleichzeitig die Liste mit den Namen und Telefonnummern mitgegeben, ich soll die Mädchen gleich selber anrufen und einen Termin ausmachen. So ungefähr war das.
Wir bekamen auch ein paar Schulungen als Trägerinnen. Pater Beller hat die Mädchenlager als Geistlicher Leiter be-

gleitet, und nebenbei war Zeit für eine Schulung für die Trägerinnen, oder oft hat er mich auch separat mit Schwester Elmengard zu sich geholt. Dann ging es schon ordentlich an die Schulung, da musste ich schon öfters schlucken, wie intensiv das war.

Was ich da vor allem gelernt habe, was er immer wieder gesagt hat: „Das Wichtigste ist die Kleinarbeit.“ Da hat er ich weiß nicht wieviel Energie hinein gelegt. Und das habe ich dann auch gemacht. Jede Woche haben wir uns getroffen. Ich habe sie angerufen, wenn sie nicht gekommen sind. Ich habe Nachhilfe gegeben, wenn sie in der Schule Probleme gehabt hatten. Ich habe Firmvorbereitung gemacht. Pater Beller hat gesagt: „Man muss alles wissen! Wenn der Schuh drückt, musst du das als Trägerin wissen.“ Das habe ich sehr ernst genommen, das hat er mir wirklich beigebracht: Hinschauen, zuhören und einfach wissen, was die Mädchen beschäftigt.

Da hat Pater Beller unheimlich viel investiert in mich, in mich persönlich. Dabei war ich auch immer kritisch und habe offen gesagt, was meiner Meinung nach anders gemacht werden müsste. Einmal hat mich Pater Beller gefragt: „Was meinen Sie, soll man bei den Burschen die Burschenkassa bei demjenigen lassen oder abnehmen?“ Ich habe gedacht: „Wow, warum fragt der mich das?“ Oder eine andere Frage: „Sollen wir den als Burschenführer einsetzen?“ Das hat mich fast vom Sockel geworfen: „Warum fragt er mich?“ Vielleicht, weil ich das Beobachten gelernt hatte und die Burschen durch die FOSS-Auftritte kannte? Oder auch damals, als Freundschaften entstanden, hat er mich gefragt: „Ist das wer für die und die?“ Da bin ich ins Schwitzen gekommen, dass er mir eine Beurteilung zumutet. Pater Beller und Schwester Elmengard haben schon eindeutig darauf geschaut, sie haben gewusst, was wo lauft und haben gesorgt, ob das passt oder funktionieren kann, ähnlich wie Eltern Sorge tragen, ob das passen kann. Und er hat immer – das habe ich später erkannt – bestimmte Leute herausgenommen, die besondere Fähigkeiten haben, und diese separat geschult.

Ist er dann auch zum Beichtvater geworden?
Es ist ein gewisses Vertrauen gewachsen, einfach weil er mir viel zugetraut hat. Ich war einmal beichten – nach Jahrzehnten wieder – und bin erleichtert weg gegangen, aber doch noch nicht zufrieden. Dann habe ich nochmal den Mut gefasst, das war schon eine Überwindung für mich, weil doch noch einige Felsen von früher herumgelegen sind, und das war nicht einfach. Aber er hat mir recht gut geholfen – vor allem hat er mir sehr geholfen, die Schwierigkeiten mit meiner Mutter zu verarbeiten. Das war phantastisch – er hat nicht gesagt, dass es nicht in Ordnung ist, was meine Mutter macht, sondern er hat sie als Autorität hochgehalten - aber mich trotzdem ermutigt, so zu sein, wie ich bin, und dagegen zu halten. Also diese Gratwanderung war gekonnt. In den Aus-sprachen ging es sehr viel um die Beziehung zu meiner Mutter. Und langsam konnte ich anfangen, mit ihr wieder eine Beziehung aufzubauen.
Was sehr schön war, nach den Beichten oder Aussprachen ist man sehr erleichtert weggegangen. Man war dann wieder motiviert, an sich selber weiterzuarbeiten. Und er hat mir geholfen, das PE zu finden, das gerade dran ist. Man hat es selber finden müssen, aber da hat er einem sehr geholfen. Oder auch dann zu suchen – was will der liebe Gott von mir? Ich bin als Persönlichkeit gestärkt aus den Gesprächen herausgekommen. Das ist schon phantastisch.
Er hat mich relativ bald bei diesen Aussprachen auch gefragt, ähnlich wie Pater Kentenich, das habe ich kürzlich gelesen: „Darf ich Sie erziehen in diese Richtung?“ Pater Beller hat nicht das Wort „erziehen“ gesagt, aber: „Darf ich schon mal härter anpacken?“ Da hat er sich das Einverständnis von mir geben lassen, hat aber gleich gesagt: „Passen Sie auf – aber das ist ganz normal: Es wird eine Phase kommen, wo ich Sie total enttäuschen werde.“ Die ist auch gekommen - und im Nachhinein ist mir aufgegangen, dass er mich darauf schon vorbereitet hatte.

Was war Schönstatt für dich zu dieser Zeit – das Große, das Besondere, das dich gepackt hat?
Das Bild der Frau. Dann die Beziehungen, alles was man

lernt als Paar. Und dann, dass ich so sein darf wie ich bin, wie Gott mich gemacht hat, und nicht, wie man mich haben möchte. Das Persönlich Ideal. Und die Vaterbeziehung, die Beziehung zum Vatergott und zu Pater Kentenich. Pater Beller hat mich zu Pater Kentenich und zum Vater geführt, das war für mich schon sehr wichtig.
Dann habe ich auch angefangen, Himmelwärts zu beten, da hat er gesagt: „Wenn man jung ist, kann man das noch auswendig lernen, später geht das eh nicht mehr", und das stimmt auch. Ich habe Pater Kentenich gelesen. Pater Beller hat auch motiviert, mit Zeitzeugen zu sprechen. Mit Pater Tick, Pater Menningen, mit ganz alten Schwestern, die damals noch mit Pater Kentenich zusammengearbeitet haben, das war 1982. Wir sollten möglichst viel aufnehmen, damit Schönstatt weiter wird, damit es nicht nur das eine Schönstatt gibt, das wir kennen, sondern eine Breite. Das hat Pater Beller uns nahe gelegt. Und dann bin ich eigentlich immer mehr weg von Pater Beller und hin zu Pater Kentenich gekommen – ich weiß nicht, ob er das bewusst oder unbewusst gemacht hat, aber es war ein Weiterführen, bei mir war es so.
Da fällt mir noch etwas ein, das war früher. Ich war als junges Mädchen das erste Mal auf einer Wallfahrt, der Pfingstwallfahrt nach Schönstatt. Da habe ich Pater Roth oben auf Berg Sion gesehen. Da gab es zwei Felsen, auf dem einen war Pater Beller und auf dem anderen Pater Roth, und die beiden haben eine Doppelconference gehalten. Die sind ganz unterschiedliche Typen und haben dort eine Show geliefert, das war zum Schreien! Ich fand das faszinierend: Da gibt es zwei Patres - ich hatte bis dahin ja nur Pater Beller gekannt – aus der selben Gemeinschaft, aus dem selben Kurs sogar, und die sind wie Pech und Schwefel, und faszinieren beide auf ihre Art und Weise und ergänzen sich. Das hat mich an Schönstatt damals ganz fasziniert, dass man nämlich bleiben darf wie man wirklich ist; im Gegenteil, dass man seine Originalität weiter entwickelt – das ist mir damals klar geworden. Da habe ich zum ersten Mal so richtig verstanden, was Idealpädagogik für eine Auswirkung hat.

Fällt dir noch etwas aus der Begegnung mit ihm ein?
Mich hat auch fasziniert: sein Einsatz bis zum Umfallen. Für Schönstatt. Sogar auf das Essen konnte er vergessen. Totaler Einsatz. Ganz. Mit Haut und Haar darf Schönstatt ihn verbrauchen, so habe ich ihn auch kennengelernt. Einmal hat alles geschlafen, es war schon spät – Pater Beller war ja ein Nachtmensch - das war auf einer Mädchentagung, und da sind die Trägerinnen erst nach Mitternacht ins Bett gekommen, weil er uns da geschult hat. Ich konnte nicht schlafen und wollte etwas ins Tagebuch schreiben, da bin ich wieder runter. Da war ein kleiner Raum mit einem Altar gestaltet, da haben wir die Messe gefeiert. Daneben war sein Zimmer, und da konnte ich hören: er hat die ganze Zeit gebetet, teilweise laut und emotional, bis vielleicht um drei oder vier Uhr. So habe ich ihn auch kennengelernt.
Fasziniert hat mich auch seine Zusammenarbeit mit Schwester Elmengard. Er hat unheimlich viel verlangt von seinen engsten Mitarbeitern, auch von ihr. Und er hat auch auf sie gehört. In vielen Punkten hat er sich ganz bewusst die Meinung einer Frau geholt, und da war Schwester Elmengard der erste Kontakt. Und sie konnte ihn wirklich managen. Er selbst konnte sich nicht managen – mit den Terminen, das konnte er nicht. Und beim Essen konnte er sich auch nicht managen, das musste die Schwester machen, dass er ein bisschen ein geregeltes Leben führt. Er konnte sich so hinein vertiefen, wenn er was gelesen oder studiert hat, dann hat er keinen Hunger gehabt und konnte auch 24 Stunden nichts essen. Oder wenn da Leute waren, die ihn sprechen wollten – da war er so dabei, dass er sich selber nicht so wahrgenommen hat und nicht gemerkt hat, wie die Zeit verstreicht.
Ich verdanke ihm, dass ich eine tiefe Beziehung zu Pater Kentenich bekommen habe. Das war besonders in der Zeit, wo Pater Beller unheimlich viel Energie in den ersten Mitliederkreis der Mädchen gesteckt hat. Er hat uns ein Jahr vorbereitet. Eine innige Beziehung zu Pater Kentenich aufbauen, ihm Briefe schreiben, mit ihm sprechen... Pater Beller hat uns durch diese Strömung, die er gemacht hat,

entzündet. Und da ist die Beziehung von ihm weg zu Pater Kentenich hin gegangen. Bei vielen Entscheidungen hat er gesagt: „Besprechen Sie das mit Pater Kentenich.“ Das war sehr gekonnt, wie er da als Pädagoge weiter geführt hat. Da war ein Loslassen von sich, er hat ja auch Menschen an sich persönlich gebunden. Aber da hat er auch losgelassen und sie weitergeleitet. Aus diesem Mitgliederkreis stammt Schwester Gertraud und Schwester Ingrid Maria und Schwester Maria Margarita. Das ist sicher gekommen durch diese Anbindung, das war eine richtige Vater-Kind-Beziehung, die da entstanden ist, durch diese Strömung, hat er da geschafft. Drei Marienschwestern, die sind alle dabei gewesen. Wir haben eine ganz tiefe Beziehung zu Pater Kentenich bekommen in diesem ersten Mitgliederkreis, da hat er viel persönlich investiert.

Martina Mucha
Foto aus der Zeit der ersten Begegnung mit P. Beller

Beruf: *Elektrotechnikerin (vor dem ersten Kind), dann Hausfrau,* ***Familie:*** *Verheiratet mit Bruno seit 1982, sieben Kinder,* ***Wohnort:*** *Wien,* ***Gemeinschaft:*** *Institut der Schönstatt-Familien,* ***Engagement:*** *Leitungsaufgaben (Schönstatt Bewegung, Institut der Schönstatt-Familien, Akademie f. Familienpädagogik)*

Die Burschen - dabei Bernhard und Bruno Mucha - ergriffen die Initiative und errichteten den ersten Bildstock der Gottesmutter am Kahlenberg. Seit 1976 trafen Menschen dort bei jedem Wetter zum Gebet zusammen.

Er hat uns unheimlich viel zugetraut

Bruno Mucha

Deine erste Begegnung mit Pater Beller – wie das war?

An eine erste Begegnung kann ich mich nicht genau erinnern. Ich war bei den Ministranten in St. Georg Kagran und habe Pater Beller jedenfalls in dieser Zeit das erste Mal wahrgenommen; das hat Schwester Elmengard eingefädelt, dass er nach Österreich gekommen ist und mit uns gearbeitet hat.

Woran ich mich sehr genau erinnern kam, ist das Thema Mädchen - aber das kam später, als ich 17 geworden war. Pater Beller hat uns Vorträge im Rahmen der Burschenarbeit gehalten. Da hat er unter anderem darauf hingewiesen, dass Frauen anders sind. Und das war für mich die neue Erkenntnis! Bis dahin war es für mich ganz klar, dass alle

Menschen so denken wie ich. Genauso denken und empfinden wie ich – nachdem ich auch ein bissl ein Phlegmatiker bin, habe ich das nicht registriert, dass andere Menschen ein bisschen anders sind.
Und dann erzählt Pater Beller, dass Mädchen und Frauen anders sind. Ich habe das Glück, dass ich zwei jüngere Schwestern habe. Bei ihnen und bei meiner Mutter konnte ich das beobachten, ich habe das verifiziert: „Ja, Pater Beller hat recht, Mädchen und Buben *sind* anders!" Bis dahin, die ersten 16 Jahre hatte ich das nicht registriert. Das war für mich ganz stark, dieses Erleben: Er hat recht. Das war für mich prägend.
Und das ist dann praktisch immer so gewesen - und vielleicht auch ein Grundzug meiner Seele: Für mich war das, was er gesagt hat, einfach richtig. Ich habe vieles von ihm sehr direkt angenommen – das erste Gehörte habe ich verifiziert, das hat gepasst, und damit ist seine Autorität gewachsen. Für mich war klar: „Der Mann hat recht." Und das war für mich das Faszinierende: Das was er uns sagt, ist richtig, ist stimmig. Deswegen war es auch mir ein Anliegen, dass er meine Freundin Martina kennenlernt. Weil ich gewusst habe, er hat da irgendwas, er hat recht. Das war das erste, stärkste und prägende Erlebnis – praktisch die Grundlage von allem.
Ich weiß, dass er dann tatsächlich auch in vielem Einfluss auf mich genommen hat, in vielen Führerschulungen, bei den Burschen usw. Da kann ich mich an viele Details nicht mehr erinnern; aber ich weiß, dass ich heute nicht der wäre, der ich bin, ohne Pater Beller. Er hat mich absolut überzeugt – und da war eine permanente Begleitung, nach dem Motto: Steter Tropfen höhlt den Stein; wenn eine andauernde Begleitung statt findet, dann ändert das, dann prägt das.

Wie ist er mit euch Jugendlichen umgegangen?
Das war das zweite starke Erlebnis, das dann später gekommen ist: Er hat uns Burschen wahnsinnig viel zugetraut. Ich kann mich erinnern, es fing beim Zeltlager in Erlaufboden an. Es war unser erstes Zeltlager und wir hatten die ganze Woche Dauerregen - absolut alles war nass und durch-

feuchtet! Pater Beller hat nachher gesagt, er hatte schon viele Lager erlebt, wo selbst hartgesottene, lagererfahrene Leute aufgegeben haben wegen dem Dauerregen. Und wir Neulinge haben das durchgestanden! Das hat ihm unheimlich getaugt - und zugleich hat auch das Vertrauen gewirkt, das er in uns gesetzt hat, das habe ich damals schon gespürt.
Vertrauen, auch wie wir die FOSS (First Original Schönstatt Singers) gegründet haben – ein starkes Vertrauen, dass wir da mit der Band Schönstatt verkünden, weil wir waren damals ein Aushängeschild von Schönstatt, wir haben eine Breitenwirkung gehabt, die größten Konzerte hatten 500 Leute, die kleinsten sieben oder acht (lacht). Wir hätten mit unseren Liedern ja auch Unsinn verzapfen können. Aber, dass das doch im Wesentlichen Schönstatt ist, was wir da bringen, und nicht irgend etwas Nicht-Katholisches, dieses Vertrauen hat unheimlich aufgebaut.
Auch später, wie wir die Akademie für Familienpädagogik gegründet haben – zusammen mit Familie Berger, Grünstetter, Derfler, Littig und Neugebauer. Wir haben ausgekocht, wie so eine Akademie gehen kann. Da hat er auch ein irrsinniges Vertrauen gehabt! Er hat uns einen Arbeitsauftrag gegeben: „Arbeitet da was aus!" Die Idee war da und klang interessant: „Akademie für Familienpädagogik", wobei noch nicht klar war, wie sie heißen wird, aber es ging darum Ehepaare auszubilden, die ein Können in Familienarbeit haben, und die Träger der Familienpastoral werden. Weil wir hatten entdeckt, dass es ein Manko in der Arbeit mit Familien gab, da fehlte etwas. Dann haben wir ein Jahr gearbeitet, haben ihm das Konzept präsentiert und dann haben wir angefangen!

Pater Beller hat euch gefordert - manchmal auch überfordert?

Gefordert hat uns Pater Beller stark, aber überfordert – nein, da fällt mir nichts ein. Bei der Ehevorbereitung hat er uns gesagt, wir sollen ein Referat zum Thema NER, also Natürliche Empfängnis-Regelung machen. Wir haben es gemacht - aber nicht gut gemacht. Er hat trotzdem gesagt,

Wachstumsprinzip 7: Der eigene Beitrag zählt
Selbsterziehung

Viele Menschen bewegt die Frage nach dem eigenen Wachstum, nach Grenzen und Möglichkeiten, das eigene Potential zu entfalten.
„Wir wollen lernen, uns unter dem Schutze Mariens selbst zu erziehen zu festen, freien, priesterlichen Charakteren“, – so beschreibt Pater Kentenich das Programm. Und die Burschen, die ihm im Internat in Schönstatt anvertraut sind, ziehen voll Begeisterung mit: Ja, so wollen sie werden! Sich nicht dem Druck der Masse beugen, und auch nicht mutlos werden angesichts eigener Schwäche. Das war im Jahr 1912, Pater Kentenich wird zu einem Vordenker eines christlichen Menschenbildes, das die Entwicklung hin zu starken Persönlichkeiten als Wachstumsziel und Eigenverantwortung erkennt und Menschen dabei begleitet.
Nicht formen lassen, sondern selber zu Gestaltern des eigenen Lebens werden. Pater Beller hat überall, wo er war, Wachstum und Selbsterziehung angeregt und gefordert. Er hat Menschen nicht gehätschelt, sondern ihnen etwas zugetraut. Er hat Impulse gegeben, immer und immer wieder, und dann vertraut – weil Wachstum geschieht von innen.
Auch später, wenn man beginnt, Verantwortung zu tragen – für Kinder, für Mitarbeiter, für Aufgaben – war der „Erzogene Erzieher“ für ihn ein Schlüssel. Das bedeutet: Wenn ich selbst wachse und mich erziehe, dann kann ich auch andere wirksam in Bewegung bringen. Oft hat er als Beispiel gebracht: Wenn ich sehe, dass mein Kind schlampig ist – kann ich sagen: „Schau, wie ordentlich *ich* bin!“ Das wird aber kein Leben wecken. Oder ich kann einen vergleichbaren Vorgang im eigenen Leben suchen: „Wo habe ich meinen Schlamper? Ich bin nachlässig - im Umgang mit meiner Frau...“ Ich nehme mir vor, an mir zu arbeiten – und dieses An-sich-Arbeiten überträgt sich. Dann werde ich die Forderung immer noch stellen: „Räum deine Sachen auf!“, aber ich werde es barmherziger tun, und wirksamer.

wir sollen weiter machen und hat uns entsprechend Feedback gegeben, und wir haben versucht, es das nächste Mal besser zu machen. So sind wir auch langsam in das Vortragsthema hineingewachsen, auch in das Thema Sexualität. Er hat diese Gratwanderung „maximal fordern, aber nicht überfordern“ bei uns gut hingebracht.
Pater Beller hat zu mir einmal gesagt, ich bin ein „Christbaum“ - man kann noch immer etwas dazu hängen (lacht). Was nicht geht, geht halt nicht – aber wenn man alles perfekt und richtig machen will, kann eine hohe Forderung auch zur Überforderung werden.

Er hatte Autorität bei dir, er hat Vertrauen in dich gesetzt - fällt dir noch ein drittes Kernerlebnis ein?
Das dritte Stichwort, das ist eine Folge von dem, was ich vorher gesagt habe: Pater Beller war für mich seit meinem 17. Lebensjahr der Erzieher. Er hat mich erzogen und entwickelt – da war er großartig, und er hat schon sehr genau gewusst, was er mir zumuten kann. Und Dinge, die man mir nicht zumuten kann, hat er anscheinend auch nicht von mir gefordert, sonst hätte ich mich vielleicht wirklich einmal überfordert gefühlt.
In Walterskirchen waren wir Burschen fünf- bis sechsmal im Jahr. Da hat Pater Beller uns geschult, Vorträge und Gruppenstunden gehalten. Zwischendurch haben wir das reflektiert - und Fußball gespielt! Pater Beller hat nicht mit uns Fußball gespielt, aber geblödelt hat er mit uns! Er hat ein Gespür dafür gehabt, wann mit den Burschen nichts mehr geht, weil die jetzt so etwas von „voll“ sind. Wenn du ein guter Erzieher bist, merkst du: Die Burschen sind voll, es ist völlig egal, was du jetzt noch erzählst, die können nichts mehr aufnehmen.
Und dann, gerade unter Männern, was macht man da? Blödsinn! Das konnte man mit ihm unheimlich gut. Wir hatten einen Plattenspieler, da haben wir geblödelt: der beste Plattenspieler wäre einer, der immer weiterspielt - da sitzt ein kleiner Mann drinnen und es spielt immer weiter. Wir haben nur gelacht, jeder durfte einen Satz zu dem Platten-

spieler dazu entwickeln. Loslassen, einmal wirklich nur lachen, nichts mehr geistig tun, sondern nur mehr Gaudi. Das war nicht häufig – aber wenn nichts mehr ging, hat er uns animiert, Blödsinn zu machen. Das ist tief gegangen, dass man mit ihm auch blödeln konnte.

Was war dein Bild von Schönstatt, das damals entstanden ist für dich?
Für mich war, gerade am Anfang, das Thema Selbsterziehung der Hebel. Das war für mich einsichtig und gleichzeitig stark motivierend: Ich muss mein Leben selbst in die Hand nehmen. Das willst du ja als junger Mensch, dich von deinen Eltern lösen, klar, ist ja eine wesentliche Aufgabe – und was bleibt dann übrig, wenn du dich gelöst hast? Dann musst du es selber in die Hand nehmen, da ist Selbsterziehung ein wesentlicher Bestandteil.
Wir machen selbst, wir arbeiten an uns selbst - und lassen nicht an uns machen! Uns hat das bewegt: Aufstand gegen die Masse, wir wollten nicht Massenmenschen sein, sondern individuell, wir wollen uns hinstellen und etwas anderes darstellen. Was mir immer gut gefallen hat und bei mir auf guten Boden gefallen ist: Wir müssen als Schönstätter gut sein – im Beruf, in der Ausbildung, beim Studieren. Und Pater Beller war auch so ein Typ, ganz eindeutig, keinesfalls mit dem Mittelmaß zufrieden, auch nicht bei sich selber. Das hat mir gut gefallen an ihm. Deswegen wollte ich auch richtig gut sein – wenn ich schon eine Gruppe habe, wollte ich sie optimal führen.

Was für ein Gottesbild hat er vermittelt – durch sein Sein, seine Ausstrahlung, sein Wort?
Ich habe ihn in den Beichtgesprächen als sehr barmherzig erlebt. Er war viele Jahre mein Beichtvater, da habe ich ihn als „barmherzigen Vater“ erlebt. Und gleichzeitig war er in der Arbeit sehr fordernd. Das ist für mich auch das Gottesbild, das er uns vermittelt hat – ein fordernder Gott, der uns auch mit eisernem Handschuh angreifen kann, aber wo zugleich eine unheimliche Barmherzigkeit und Liebe da ist.

Das habe ich bei ihm erlebt, beides, diese Bi-Polarität. Das ist ja widersprüchlich und nicht so leicht verkraftbar, aber ich habe beide Pole erlebt. Und dann eben auch trotzdem mit Vertrauen und Geduld und Ehrfurcht vor dem, was entsteht; das habe ich bei ihm erlebt.

Ihr setzt euch bis heute 100-prozentig für Schönstatt ein – wieso?
Bei mir wurde das irgendwann einmal klar, dass hinter Pater Beller so richtig Pater Kentenich steht. Das ist mir mit der Zeit richtig klar geworden, deshalb bezeichnen wir uns gerne als Pater-Kentenich-Fans. Es wurde für mich Teil meines Lebensauftrags, dass ich mich da einsetze und für den Pater Kentenich etwas tue.
Und zugleich macht es uns auch Spaß, z.B. in der Akademie für Familienpädagogik zu arbeiten und zu erleben, wie sich Ehepaare entwickeln, das macht uns Spaß und Freude. Auch im Institut der Schönstatt-Familien ist das ähnlich: Wenn wir sehen, wir können den Leuten etwas geben, wir können Entwicklung fördern - zu erleben, wie man da helfen kann, und zu merken, man wird als Werkzeug verwendet, wenn man sieht, diese Entwicklung ist menschlich nicht mehr erklärbar, wenn man spürt, da wirkt die Muttergottes, da wirkt Pater Kentenich durch uns... es macht unheimlich Spaß, sich als Werkzeug zu fühlen und verwenden zu lassen.
Dort wo ich meine Identität gefunden habe, da bleibe ich auch und versuche, auch anderen davon zu geben. Ich - und wir - spüren eine unheimliche Neigung zu Erziehung und Apostolat, das kann man ja nicht trennen. Und das ist halt Schönstatt: Berufung zum Erzieher.

Bruno Mucha
Foto aus der Zeit der ersten Begegnung mit P. Beller

Beruf: *Manager IT & Organisation,* ***Familie:*** *Verheiratet mit Martina seit 1982, sieben Kinder,* ***Wohnort:*** *Wien,* ***Gemeinschaft:*** *Institut der Schönstatt-Familien,* ***Schönstatt-Engagement:*** *Leitungsaufgaben (Schönstatt Bewegung, Institut der Schönstatt-Familien, Akademie für Familienpädagogik)*

Pater Beller bringt eine Fülle von Opfer und Gaben, die viele Menschen gesammelt haben, und legt sie in das Fundament des entstehenden Heiligtums.

Als Ehepaar sind wir füreinander von Gott gewollt!

Anton & Wiltraut Freudensprung

Wir möchten nach deinen und euren ersten Begegnungen mit Schönstatt fragen?
Zuerst muss ich sagen, was ich Schönstatt verdanke: Eine Ehe, die überhaupt weiß warum es sie gibt. Wir haben erst vor kurzem festgestellt, dass diese anfänglich doch sehr schwierige Ehe heuer 60 Jahre alt ist – und das ist für uns schon etwas sehr Besonderes!

In der Chronik von Schönstatt in Österreich steht ganz am Anfang: „Drei Schönstätter Marienschwestern brechen am 29. August 1972 von Deutschland nach Österreich auf – Herr Freudensprung bringt sie nach Wien, Ankunft um elf Uhr." Ihr ward also von Beginn an dabei, wie kam das denn?
Das kam so: Die Marienschwestern hatten einen Platz gesucht, wo sie sich in Wien niederlassen konnten. Meine eigene Tante, Schwester Herma, war Schönstätter Marienschwester, deshalb kannte ich die Marienschwestern und war in Kontakt mit ihnen.
Die Schwestern haben in Wien in einer Pfarre – ich glaube

das war in Ottakring – vorgesprochen, ob nicht Schwestern gebraucht würden, aber der Ort hat ihnen nicht ganz zugesagt. Nach diesem Gespräch habe ich Schwester Hilga mit dem Auto abgeholt. Auf der Fahrt erzählt sie mir, dass sie Ottakring nicht nehmen würden - aber es gäbe vielleicht auch eine Möglichkeit nach Kagran zu kommen. Dabei hat sie mich vielsagend angeschaut, weil St. Georg in Kagran meine Pfarre war.
Darauf habe ich gemeint: Dann müssen wir mit dem dortigen Pfarrer reden, Herrn Pfarrer Ullrich. Und ehrlich gesagt, das war kein einfacher Mensch, deshalb hatte ich die Hose voll - wie werden wir dem Mann das beibringen?
Dann standen wir dort beim Pfarrhof und sprachen vor. Und seine Antwort: „Das ist ja kaum zu glauben - ich habe vor zwei Jahren um Marienschwestern angesucht!“ Wir haben also offene Türen vorgefunden. Und damit war besiegelt: Die Marienschwestern ziehen nach Kagran.
Wir haben dann angefangen, den Pfarrhof umzubauen. Damit die Schwestern die Möglichkeit hatten, da zu wohnen, musste einiges saniert bzw. verändert werden. Und dann konnten die Schwestern im Sommer 1972 einziehen.

Es war also deine Tante, Schwester Herma, die dich zu Schönstatt gebracht hat?
Die Tante hat das immer schon wollen, und sie war auch ein Meilenstein dabei. Mit vollem Namen heißt sie Maria Freudensprung, wir haben Mitzi-Tant zu ihr gesagt, der Schwesternname war dann Herma. 1935 ist sie nach Schönstatt gegangen, um bei den Schwestern einzutreten, ich war da noch ein Kind. Der Großvater hat gesagt: „Höans, haben Sie sich das wirklich gut überlegt?“ Schönstatt war für mich damals nur ein Name, wir hatten zwar das Schönstatt-Muttergottes Bild in einer Nische in der Stube stehen, aber das war halt „auch“ da. Aber gewusst habe ich nichts.
Anders wurde es eigentlich erst, wie die Mitzi-Tant dann gestorben ist. Wir fuhren nach Deutschland, auf die Liebfrauenhöhe zum Begräbnis. Und bei diesem Begräbnis habe ich zum ersten Mal erlebt, was Schönstatt wirklich ist –

nämlich bis hin zum Schluss, bis zum Tod, bis in den Sarg hinein. Rein äußerlich war da nichts, von der ganzen Person hat man nur die Füße gesehen – aber da war etwas spürbar, und ich habe mir gedacht: „Jetzt glaube ich, dass Schönstatt so ist wie alle sagen!“ Vorher nicht. Das musste ich erst erleben.
Und dann ist es losgegangen – da war eine Tagung oder ein Vortrag mit Pater Tick, einem Schönstatt Pater. Aber der hat nicht gezogen, weil er so langsam gesprochen hat, ein Wort wohlüberlegt nach dem anderen, und ich habe gesehen, so geht es nicht, die haben hinten schon geschlafen... Erst Schwester Elmengard war für uns dann ein fester Schub, und mit ihr zusammen kam dann schön langsam Pater Beller.
Der Pater Beller ist der Mann gewesen, der für uns dann der Schönstatt Impuls gewesen ist. Das war für uns beide – meine Frau und mich - der große Segen, wie wir 1978 in Innsbruck bei der ersten Familientagung aufmerksam geworden sind: Was ist Schönstatt überhaupt? Wir haben diese Tagung mitgemacht, und sie war ganz anders als alles andere vorher. Das hat es früher nicht gegeben, dass einem ein Priester sagt: „Als Ehepaar sind wir füreinander von Haus aus von Gott gewollt!“ Da hat man was gehabt, da hat man sich etwas vorstellen können. Oder das bekannte Wort von Pater Beller: „Wir gehören zusammen.“
Jedes Jahr waren wir dann auf Tagung mit Pater Beller, das hat uns schon geformt und gebildet. Schönstatt war damals etwas Neues, für uns völlig Unbekanntes – und wir haben angebissen.

Wann habt ihr begonnen euch für Schönstatt einzusetzen?
Aktiv hat das bei uns mit dem Schönstatt-Bildstock am Kahlenberg begonnen. Schwester Elmengard hat gesagt: „Jetzt müsst ihr aber auch hingehen beten, nicht nur den Bildstock aufstellen und Blumen bringen.“ Wir sind tatsächlich manchmal jeden Tag oben gewesen, aber auf jeden Fall am Freitag Abend. Das war für uns selbstverständlich, der Kahlenberg.
Zuerst bestand der Bildstock aus einem Muttergottesbild mit Holzrahmen (das Bild gibt es noch, es ist bei Schröers).

Aber nach einem Jahr ist man draufgekommen, dass das im Freien auf einem Baum auf die Dauer nicht hält. Es musste ein fester Bildstock her, und Schröer und van Dyck haben begonnen ihn aufzumauern.
Jahrelang – noch lange bevor wir überhaupt an ein Kapellchen gedacht haben – war dieser Bildstock der zentrale Punkt. Wir haben viele, viele Menschen hingebracht! Durch meine berufliche Funktion habe ich halt einen Riesenkontakt mit vielen Leuten gehabt, und ich habe sie alle raufgeschleppt. Sozialpartnerschaft in Österreich, wir hatten mit den Gewerkschaftern einen genauso guten Kontakt gehabt wie mit der Schwarzen Seite. Bei der Einweihung des Heiligtums war der Benya am Kahlenberg, und der Schwarze ist durch seinen ersten Mann vertreten worden, das war der Dr. Kehrer, sein Adlatus.

Wie es zunächst den Bildstock gab – hat man da schon an das Kapellchen gedacht?
Ich war einmal in Mariazell, und da war auch der Propst von Klosterneuburg dort, das war der Koberger - ich habe mir gedacht: „Den kriege ich schon einmal allein!“ So war es dann, da habe ich den so ganz leise gefragt: „Wir würden halt schon gerne auch einmal etwas für uns, die Schönstätter, haben – etwas, wo man drauf bauen kann und das ein Zentrum wird.“ Das hat er sich in aller Ruhe angehört, wie er schon einmal so war, und hat gesagt: „Na, reden wir drüber.“ Gemeint hatte ich das Altersheim der Caritas, das unmittelbar neben dem Bildstock am Kahlenberg stand.
Zurück von Mariazell – wir waren ja mit den Klosterneuburgern allen gut – hat mich eines Tages der Direktor Musina geholt und gesagt: „Sie, da muss man was tun, da muss man reden!“ Es hat nicht lange gedauert, da war er am Kahlenberg und hat dann gesagt: „Jetzt muss man natürlich noch schauen, was die ganze Geschichte wert ist.“
Dieses Altersheim gehörte der Caritas. Damals war Prälat Ungar der Chef der Caritas, der hat einen Preis genannt, wo es mich gebeutelt hat, ich habe mir gedacht: „Das gibt's doch nicht!“ Ich habe zum damaligen Generalvikar Jachym

gesagt, er solle es doch vielleicht privat schätzen lassen, damit man ungefähr eine Ahnung hat? Er hat das gemacht, da kam man ungefähr auf die halbe Summe vom Ungar.
Und dann war die Sache langsam für uns griffbereit – da war Peter Kleinitzer unser Kapo, und die Sache mit dem Kahlenberg ist langsam ernst geworden. Pater Beller und die Schwestern hatten ja schon jahrelang gesucht, überall hatten sie sich etwas angeschaut, aber der Kahlenberg war halt einzigartig.
Auch für Pater Beller. Ich kann mich gut erinnern: Pater Beller sitzt neben mir auf einer Bank vor dem Bildstock und sagt: „Wissen Sie, das hier ist heiliger Boden!“ Der hat den Bildstock und den Boden dort außergewöhnlich geschätzt. Das war schon ein Mann! Schwester Elmengard hat gesagt: „Es gibt keinen zweiten wie ihn.“

Diese Freitagabende beim Bildstock – da habt ihr viele Leute hingebracht, und auch oft gut versorgt, haben wir gehört?
In der Firma hat es freitags oft Gebackene Mäuse gegeben – was da übrig war, haben wir in eine Schachtel getan, und einen Tee oder Glühwein dazu, und mitgenommen. Und wie der Rosenkranz fertig gebetet war, sind sie alle hinten um den Wagen gestanden...
Und dort, liebe Inge, haben wir Rosenkranz beten gelernt – früher haben wir ihn gekannt und geschätzt und es war uns bewusst, was er ist. Aber jetzt haben wir den Rosenkranz beten und lieben gelernt. Bis heute noch beten wir gerne und oft auf'd Nacht wenigstens ein Gesätzchen. Wir sind jahrelang bei jedem Wetter beim Bildstock gewesen – auch im Winter, wenn es klirrend kalt war.
Pater Beller war selten dabei, da lebte er ja noch in München, aber wenn er dabei war, haben wir uns bei ihm anhalten können, weil da haben wir gesehen, da ist keine halbe Silbe nur gesprochen – der war so! Er hat das so gelebt, und wir haben ihn geschätzt. Das heißt, wir sind ihm nachgegangen. Für uns war er nicht nur irgendwer – nein, nein, das war der Pater Beller für uns, für die Buben, dann

Wachstumsprinzip 8: Bis an die Grenze
Das Mitarbeitsprinzip

Wo habe ich das schon erlebt – dass es gut war, gebraucht zu werden, manchmal bis an die Grenze? Vielleicht kann ich feststellen, dass ich im Einsatz für eine Sache oder für einen Menschen gewachsen bin?
In der Schönstatt Pädagogik ist das ein wesentlicher Antrieb für das eigene Wachstum: Als Mann, als Frau der Tat im Einsatz für eine große Sache - mitgestalten, mitwirken, mitarbeiten.
Wenn ich eine Verantwortung übertragen bekomme, setzt das auch Kräfte frei – ich bin gefordert, als ganzer Mensch, mit allem was ich habe und bin. Wenn ich meine Berufung gefunden habe, dann kann das ein wirksamer Motor für das eigene Streben sein, bis hin zum Höchsten - Jesus sagt von sich: „Ich heilige mich selbst für sie." (Joh 17,19)
Pater Beller hat Menschen zu Mitarbeitern gemacht, er hat ihnen Verantwortung übertragen. Schwester Elmengard hat mit ihm an einem Strang gezogen, sie konnte da auch sehr fordernd sein.
Das Liebesbündnis mit der Gottesmutter trägt in Schönstatt die Qualität einer Mitarbeiterweihe, so hat Pater Kentenich das konzipiert. Das Liebesbündnis ist nicht nur eine tiefe religiöse Erfahrung, sondern drängt zugleich auch zu Taten: Taten der Selbsterziehung, Taten des Wirkens nach außen, und das als Geschenk für die Gottesmutter; sie aktiviert das Christsein im eigenen Herzen.
Durch diese Mitarbeit wachse ich selbst. Mutter Teresa sagt einmal: „Wenn wir nicht so genau wissen, ob wir überhaupt an irgend etwas glauben, dann sollten wir versuchen, kleine Werke der Nächstenliebe zu vollbringen - und wir werden feststellen, dass unsere Herzen sich öffnen."
Ich mache das für dich – durch diesen einfachen Lebensvorgang verändert sich für uns die Welt.

für die Ehepaare, das war ein Begriff.
Einmal habe ich einen neuen Mercedes bekommen, damit ist Pater Beller dann gleich mit einer ganzen Partie junger Theologen über den Ring gefahren. Schönstatt natürlich kann nur im Mercedes fahren – nicht in irgend so einem Kracherl, habe ich mir gedacht.

Diese Entscheidungen wegen dem Schönstatt-Zentrum – war da der ganze Familienrat involviert, oder haben das Schwester Elmengard und Pater Beller allein entschieden?
Da waren wir selten involviert – aber wir haben natürlich befunden, dass der Kahlenberg wesentlich günstiger wäre als was-weiß-ich-wo in Niederösterreich. Aber da war immer wieder das Problem des Preises am Kahlenberg, und der Ungar und zwei Schwestern haben oben gelebt, er war dort daheim. Ich habe halt das Vorrecht gehabt: Wenn ich am Kahlenberg oben war, hat er das Türl aufgemacht und mir einen ganz hervorragenden Cognac gegeben. Es war schon ein historischer Platz, der Kreisky und der Bundeskanzler waren dort beim Ungar...
Wir haben sehr gerauft mit dem Finanziellen – ich hab immer wieder Geld in der Kapellchen-Sparbüchse gesammelt und Schwester Elmengard gegeben, da ist schon einiges zusammengekommen. Natürlich ist keine Rede davon, dass wir den Kahlenberg nicht bekommen hätten, wenn ich nicht gewesen wäre. Das schlage ich aus, so lange ich lebe. Und Pater Beller hat gesagt: „Das stimmt nicht – Sie waren es!" Das hat er ausdrücklich geglaubt. Und ich habe es selbstverständlich genommen, habe mir nie etwas dabei gedacht. Heute, wenn ich so viele neue junge Leute oben sehe, denke ich mir: „Das was geworden ist, ist schon ganz etwas Besonderes."
Und warum dieser Ganzeinsatz für Schönstatt?
Ich war begeistert von der Sache, weil sie von mir aus wirklich etwas ganz Besonderes war. Da habe ich zunächst gar nicht so das Liebesbündnis im Vordergrund gehabt – das kam erst viel, viel später. Das war in mir so drinnen – ich kann das gar nicht sagen warum, ich habe es gern und selbstverständlich

gemacht und habe mir gar nicht so viel gedacht dabei. Und ich bin hinaufgefahren bei jedem Wetter – vielleicht war das ein Grund, dass es eine Herausforderung sein musste. Und die habe ich angenommen.

Was hat dir denn Pater Beller für den Beruf gegeben, als Chef der Firma Weiser?
Ich war immer für Qualität – und durch Schönstatt wurde sie sogar noch ein bisschen gehoben. Pater Beller sagte zu uns: „Sie müssen die Würste nur ein bisschen besser machen als die anderen." Damit bin ich gut gefahren. Und es gab auch die andere Seite – Leute, die sagten, mit dem kannst ja nicht reden, der ist ja nur Schönstatt; das hat es auch gegeben.

Wie Pater Beller dann aus Österreich weg kam, 1992 durch seine Ernennung zum deutschen Bewegungsleiter, was waren da eure Gedanken?
Da waren wir traurig. Für ihn und mit ihm haben wir uns gefreut – aber in Wirklichkeit waren wir traurig, weil man ihn uns weggenommen hat. Er war dann öfters da, aber nur zwischendurch. Aber letzten Endes waren wir froh, dass er es gewesen ist, der Schönstatt in Österreich aufgebaut hat.

Anton Freudensprung
Foto aus der Zeit der ersten Begegnung mit P. Beller

Beruf: *Ehem. Chef der Firma Weiser-Wurst & Hausfrau*
Familie: *Verheiratet mit Wiltraut, vier Kinder*
Wohnort: *Hinterbrühl*
Gemeinschaft: *Schönstatt-Familienbewegung*
Schönstatt-Engagement: *Langjährige Leitungsaufgaben (Schönstatt Familienrat)*

Pater Beller und Schwester Elemengard sammeln eine Woche lang die Führungskräfte der wachsenden Schönstatt-Bewegung zur „Oktoberwoche“ in Obertauern - das MTA-Bild für das Heiligtum ist mit dabei.

Wir sind als besseres Ehepaar weggegangen

Hilde & Herbert Fellhofer

Eure erste Begegnung mit Pater Beller - was fällt euch da ein?

Hilde: Also, ich glaub, da war ich allein, wie ich Pater Beller das erste Mal begegnet bin. Das war bei einer Bündnisfeier in St. Georg Kagran, wo uns unsere Tochter Elisabeth eingeladen hat. Sie war in einer Mädchengruppe und hat immer wieder von Pater Beller erzählt, sodass das Interesse anscheinend auf mich übergesprungen ist. Dann habe ich ihn bei der Feier einmal erlebt - ich kann nicht mehr wiedergeben, was da war.

Dann, im September 1979, hat Schwester Elmengard uns zu einer Familienrunde eingeladen. Ich war dort, Herbert hatte aber keine Zeit. Da war Pater Beller dabei. Ich habe damals von ihm aufgenommen, dass er sich sehr für die Ehepaare interessiert hat, die dort waren, und er hat auch nach meinem Mann gefragt. Ich war innerlich angetan, kann mich an keine konkreten Worte erinnern, aber an seine Ausstrahlung und an sein Interesse an dem, was die einzelnen Paare so erzählt haben. Es war dieses Erlebnis: Da ist ein Mensch, der dir zuhört! Er hat mir sicher auch etwas mitgegeben, aber sein Aufnehmen und Ausstrahlen, das war es am meisten, was mir in Erinnerung geblieben ist!

Herbert: Meine erste Erinnerung war das Treffen der Familienrunde bei Familie Adametz, da war Pater Beller dabei. Das war für mich eindrucksvoll, dass er eigens von München nach Wien kommt, natürlich nicht nur für die Runde, sondern auch für die Burschen - aber er war bei uns.

Hilde: Und das war ein echtes Geschenk, diese erste Zeit mit Pater Beller, wo er immer wieder bei unseren Runden dabei war.

Was habt ihr in dieser ersten Zeit aufgenommen?
Herbert: Bei einem der ersten Rundentreffen ging es um das Gottesbild, darüber haben wir in der Gruppe geredet. Für mich war das überhaupt das erste Mal, dass ich über das Gottesbild nachgedacht habe. Da haben wir z.B. von Pater Beller gehört, dass der liebe Gott durch den Ehepartner spricht und durch die Kinder und die Mitmenschen. Wie er über den lieben Gott gesprochen hat, das war für uns ganz neu.

Hilde: Mehr über Partnerschaft, das Leben in der Familie und über das religiöse Leben haben wir dann 1980 bei unserer ersten Familientagung in Zwettl aufgenommen. Das war auch die erste längere Begegnung mit Pater Beller. Bei dieser Tagung hatten wir den Vorzug und durften bei den Mahlzeiten am Tisch von Pater Beller sitzen.

Herbert: Am Tisch waren Pater Tick, Schwester Elmengard, Pater Beller und wir.

Hilde: Ich kann mich erinnern, wir haben einmal bei Tisch über Selbstbewusstsein gesprochen. Und oft haben wir noch einen "Minivortrag" bekommen, wenn uns von seinem Vortrag etwas besonders angesprochen hat, z.B. das Große im Partner sehen. So haben wir manche Stärke an einem selber oder am Partner entdeckt, die wir bis dahin gar nicht gesehen oder als selbstverständlich genommen haben.
Am Vormittag waren zwei Vorträge - es ging über Vorsehungsglaube und das auserwählte Volk Israel -, da haben wir uns schon schwer getan, sind ziemlich geschwommen. Es war schon die dritte Tagung in Österreich, viele waren schon vorher bei ein, zwei Tagungen gewesen. Damals gab es noch keinen Grund- und Aufbaukurs, sondern es war eine Tagung für alle Familien.

Herbert: Pater Tick erzählte an einem Abend von seinem Leben als Schönstatt Pater. Er war damals 80 und erwähnte so nebenbei: "Das ist mir vor zwei Jahren klar geworden" (was das war, wissen wir nicht mehr). Für uns war das eine große Erleichterung, es war für uns als wäre die Sonne aufgegangen - dann dürfen wir auch da bleiben! (lacht) Also das darf Zeit brauchen, bis wir manches in Schönstatt begreifen.

Hilde: Im zweiten Vortrag ist es um Brauchtum in der Familie gegangen, dazu gab es am Nachmittag Arbeitsgruppen. Das hat uns sehr angesprochen und das haben wir uns auch mitgenommen! Wir haben dann mit Elisabeth und unseren Taufkindern die Tauftage gefeiert, und auch die Feste des Kirchenjahres haben einen neuen Stellenwert für uns bekommen. Da gab es z.B. den Brauch "Stiegenadvent". Auf Grund dessen haben wir unsere Nachbarn zu einer Adventfeier in unser Haus eingeladen. Das hat auch einigen Mut gebraucht, manche sind tatsächlich gekommen, anderen war das nicht ganz geheuer und sie haben sich entschuldigt.
Wir haben auch über das Gebet gehört. Ich selber bin in einer religiösen Familie aufgewachsen und habe von zuhause das Familiengebet mitbekommen und habe geglaubt, das kann

ich in meiner eigenen Familie auch umsetzen - aber so leicht war das nicht. Und durch diese erste Tagung haben wir uns gemeinsam das Vaterunser mitgenommen. Das haben wir Pater Beller viel später erzählt und wir haben gemerkt, er hat sich darüber sehr gefreut.

Herbert: Das hat unser Bild vom Christsein gewendet. Bis dahin habe ich gedacht, Christ ist man, wenn man die Messe am Sonntag besucht. Und in Schönstatt haben wir aufgenommen, dass der Glaube mit unserem ganzen Leben verbunden ist. Ab dieser Tagung haben wir das Morgengebet und das Tischgebet bewusst miteinander gebetet.

Hilde: Von der zweiten Tagung haben wir das Gespräch mitgenommen. Pater Beller hatte empfohlen, sich nicht zu viel auf einmal vorzunehmen. Bei dieser Tagung hat er auch wieder über Ergänzung geredet - ich sehe mich heute noch, wie ich sage: „Ist das herrlich, ich brauche mich nicht mehr so zu ärgern, wenn ich mich wo nicht so auskenne - ich habe eh dich!" Das waren so kleine Edelsteine auf unserem Weg, die uns mehr Lebensqualität gebracht haben.

War für euch klar, dass ihr im nächsten Jahr wieder auf Tagung geht?
Hilde: Wir haben gesagt: Jetzt gehen wir noch einmal...

Herbert: ... und dann machen wir wieder einen normalen Urlaub.

Hilde: Und dann waren wir so erfüllt, dass wir fast noch die Stelle wissen - bei einem Blumenbeet in Puchberg - wo wir gesagt haben: "Das bleibt für uns immer! Kein anderer Urlaub kann uns das geben, was uns diese Tagung für unser Leben bringt." Wir sagen immer noch, dieser zweite Tag der zweiten Tagung war unsere Berufung zu Schönstatt!

Was habt ihr da gespürt?
Hilde: Ein neues Miteinander!

Herbert: Dass das, was wir bei der Tagung hören, so wertvoll ist, dass wir das ganze Jahr davon zehren. Wir haben gesagt, das hört man sonst nirgends. Der normale Urlaub ist nach kurzer Zeit verflogen.

Hilde: Ein weiteres Thema, das uns sehr angesprochen hat, war Verzeihung - und danach haben wir sogar mehr gestritten, weil wir mehr gewusst haben über die Ehe, wie sie sein könnte. Das war ein Zeichen: Wir wollen gemeinsam wachsen. Und so ist auch die Ehrfurcht voreinander gewachsen, weil wir versucht haben, das Gehörte anzuwenden. Z.B. über Meinungsverschiedenheiten zu reden, damit wir verstehen, warum der andere das so sagt oder so macht. Pater Beller konnte so gut mit Worten umgehen und z.B. die Formulierung "Liebe darf wehtun" hilft uns bis heute, dass wir nicht so empfindlich sind.

Herbert: Oder, dass der Ehepartner ein Brief des lieben Gottes ist oder dass der liebe Gott durch den Ehepartner spricht - da haben wir gesagt: "Dann müssen wir anders miteinander umgehen!", da können wir uns manches nicht erlauben, z.B. wie reden wir miteinander, wie hören wir aufeinander? Das hat sich auch im Umgang mit unserem Kind ausgewirkt.

Hilde: Es ist eine große Dankbarkeit gewachsen. Eigentlich ist es uns als Paar ganz gut gegangen - aber wir haben vieles nicht gewusst, wie man etwas in der Partnerschaft besser machen kann; wie die Umgebung uns beeinflussen und mitnehmen kann. Und dann haben wir immer stärker gemerkt: Wir zwei sind die wichtigsten füreinander, nicht das was draußen um uns herum ist und uns immer suggerieren will, was für uns gut ist.
Ein Beispiel: In Herberts damaliger Firma war es üblich, die Mitarbeiter gelegentlich zum Abendessen in ein Restaurant einzuladen. Einmal war der Termin am Aschermittwoch geplant - Heringschmaus. Das war dann Thema eines Gesprächs und wir waren uns einig: Das passt für uns nicht.

Herbert war das zwar unangenehm, er hat aber den Termin verschoben.
Sehr geholfen hat uns Pater Beller auch bei Diskussionen in der Kirche - durch seine Sicht haben wir Orientierung bekommen und haben uns sicherer gefühlt. Wenn uns jemand auf die kirchlichen Probleme (z.B. konservativ / progressiv) angeredet hat, waren wir innerlich vorbereitet und gestärkt.

Herbert: Wir waren dann jedes Jahr auf Tagung und während des Jahres auf Besinnungstagen oder Erziehungsvorträgen.

Hilde: Manchmal hat Pater Beller gesagt: „Laden Sie mich doch ein.“ Wir haben dann einen Besuchstermin an einem Freitagabend vereinbart - der große Pater Beller kommt zu uns kleinen Fellhofers! (lacht) Wahrscheinlich hat er uns gefragt, was wir so tun, da habe ich gesagt: "Jetzt wären wir wahrscheinlich am Kahlenberg beim Rosenkranzgebet." Die Hedi Schiffl hat immer eingeladen, dass jeden Freitag viele zum Beten zum Bildstock kommen. Und was macht Pater Beller? Er zieht einen Rosenkranz aus der Tasche und betet mit uns Rosenkranz! Er hat sich ganz auf uns eingestellt. Wir haben heute noch den Rosenkranz.

Herbert: Den hat er mir geschenkt.

Hilde: Das sind echt bleibende Erlebnisse: Pater Beller betet mit uns Rosenkranz! Dann hat er uns gesagt: "Manches Mal gibt es auch wichtige Dinge, die nicht am Kahlenberg stattfinden.“ Er hat uns mehr oder weniger gesagt, man muss da nicht immer nur beim Beten sein - wichtig ist auch das Gespräch miteinander als Paar, oder diese Begegnung mit ihm.

Habt ihr Fragen an ihn gehabt?
Hilde: Das wissen wir heute nicht mehr, aber vermutlich hatten wir Erziehungsfragen.
Herbert: Ich erinnere mich, er wollte dann mehr über

meinen Beruf wissen - ich war damals bei HP. Für mich war bei Schönstatt vieles ähnlich der Unternehmenskultur bei HP ("HP-Way"): Vertrauen, Offenheit, Zielsetzungen und großen Freiraum lassen. Wir haben dann gemeinsam überlegt: wo gibt es Parallelen zwischen HP und Schönstatt? Pater Beller war auch sehr interessiert, wie das gelebt wird in einer großen amerikanischen Firma. Das war sein erster Besuch bei uns.

Hilde: Nach einer Tagung in Vorau hatte Pater Beller wieder eine neue Idee. Er hat Kleinitzers, Bergers und uns eingeladen, die Tagung mit ihm nachzuarbeiten. Jeder hat seine Mitschriften mitgehabt, und dann haben wir die Tagung in mehreren Treffen miteinander nachgearbeitet.

Er wollte vielleicht die besonders Strebsamen zusammenbringen?
Hilde: Vielleicht, für uns war diese Nacharbeit jedenfalls ein großer Gewinn.

Herbert: Was dann begonnen hat, war ein Management Kreis mit Pater Beller und Schwester Elmengard. Dazu haben wir uns im Haus Kleinitzer getroffen. Dabei waren die Ehepaare Freudensprung, Gamper, Grünstetter, Adametz und wir. Auch Hans-Georg Andras war immer wieder dabei. Peter Kleinitzer hatte vor jedem Treffen Pater Kentenich-Texte vorbereitet und diese Texte haben wir dann miteinander durchgearbeitet.

Durchgearbeitet im Hinblick auf Management?
Hilde: Ja, eine Vaterlesung auf Management hin - das war für mich ziemlich anstrengend.

Herbert: Für meinen Beruf waren diese Treffen sehr wertvoll, besonders in Richtung Mitarbeiterführung.

Das heißt Pater Beller hat euch groß gesehen?
Herbert: Er hat schon eine besondere Gabe gehabt, mehr zu sehen, als man vielleicht selber sehen konnte.

Hilde: Das haben wir ihm später einmal geschrieben, wie groß er uns gesehen hat und was er uns alles zugetraut hat.

Er hat euch zum Wachstum verholfen?
Hilde: Er hat uns sehr zum Wachstum verholfen in der Partnerschaft, in Erziehungsfragen, im Beruf und in unserem religiösen Leben! Bei unserer zweiten Tagung haben wir das Liebesbündnis geschlossen. Von Pater Beller haben wir auch in dieser Tagung wieder über die Weihe an die Gottesmutter gehört - und natürlich hat uns Schwester Elmengard gefragt, ob wir nicht das Liebesbündnis schließen wollen. Ich bin mir so unwürdig vorgekommen! Und Schwester Elmengard hat gesagt: "Sie werden sehen, die Gottesmutter hilft Ihnen!" Mit der Weihe an die Gottesmutter sind wir auch in Schönstatt immer mehr hineingewachsen und haben echt gespürt, die Gottesmutter sorgt für uns. 1983 hat Pater Tick unser Hausheiligtum eingeweiht und "Nichts ohne dich, nichts ohne uns" wurde zum Motto für unser Hausheiligtum und für unser Leben.

Herbert: Und das "Nichts ohne uns" wurde zu unserem nächsten Wachstumsschritt in der Verantwortung, als wir als Trägerfamilie unserer ersten Ligarunde eingesetzt wurden. Dann waren wir verantwortlich für die Runde - und jedes Mal, wenn wir von der Runde heimgefahren sind, haben wir gestritten! Im Auto war dicke Luft, weil keiner zufrieden mit dem war, wie wir es geleitet haben. Auf das "Nichts ohne dich" haben wir anscheinend noch zu wenig vertraut.

Erinnert ihr euch an eine besonders tiefe Begegnung mit ihm?
Hilde: Wir haben einige Lebenssituationen gehabt, wo wir Pater Beller zur Beratung gebraucht haben. Z.B. als der Herbert den Job gewechselt hat. Oder, was besonders schwierig war: Ich habe einige Kinder verloren und bin noch einmal schwanger geworden. Da hatte ich Hoffnung, vielleicht kann ich doch noch ein Kind bekommen. Aber natür-

lich waren da auch Ängste und Zweifel dabei. Mit diesen Gedanken sind wir zu ihm gegangen. Er hat uns auf beides vorbereitet - wenn das Kind geboren werden soll, freuen wir uns. Wenn es nicht sein soll, hat er uns ein Gebet aus Himmelwärts ans Herz gelegt (suchen die Stelle). Zitternd haben wir dieses Gebet mit nach Hause genommen:

Allmächtiger, willst du dieses Kind mir nehmen,
macht es dir Freude, seine Kraft zu lähmen?

Pater Beller hat uns gerade in solchen Situationen zur Tiefe geführt und uns vorbereitet, dass der liebe Gott auch etwas Schweres von uns verlangen kann und dass die Gottesmutter in allen Lagen für uns sorgen wird (mphc).

Wir sind dort wirklich weg gegangen: "Wie es kommt, so soll es sein!"

Im Gebet heißt es weiter:

Du hast aus Liebe mir das Kind gegeben,
gabst Kraft mir, ihm zu weihn mein ganzes Leben:
Willst du es tot in meinen Armen sehen ...?

Da schluckt man schon; er hat uns auch auf Schwereres vorbereitet: "So kann es auch sein!" Er hat nichts beschönigt, sondern hat immer versucht zu erspüren, was der Wille Gottes ist und dann ist er einfach mit dem lieben Gott mitgegangen. Und das wollte er auch uns näher bringen.

Als ich dann das Kind doch wieder verloren habe, war ich zumindest innerlich irgendwie vorbereitet - wenngleich es natürlich sehr schwer war. In uns ist eine ganz große Dankbarkeit gewachsen für unser einziges Kind Elisabeth.

Herbert: Eine besonders tiefe Begegnung mit Pater Beller, und zwar als Gemeinschaft, das war der 11. Oktober 1991. Wir hatten damals die Jahresparole „Ihr werdet meine Zeugen sein.“ Der Kahlenberg wurde gerade umgebaut, deshalb fand das Treffen der Trägerfamilien in unserem Haus statt. Pater Beller war vorher schon zum Abendessen bei uns. Es war ein Freitag und es gab Fisch, da war eine Zitrone dabei – er hat einen Zitronenkern gefunden und gesagt: „den brauche ich heute.“ Dann ging das Treffen mit einem Vortrag von Pater Beller los, ward ihr da nicht auch dabei?

Wachstumsprinzip 9: Wir leisten unseren Beitrag
Wachsen im Liebesbündnis

Es gibt Zeiten, da steht man auf und fragt sich: „Wie schaffe ich den Tag?“ Eine Erfahrung berichtet von einem großen Loyalitätskonflikt: Die Chefin war in einem längeren Krankenstand, und eine Kollegin wollte die Situation ausnützen, um vieles abzuändern. Die Konflikte nahmen immer mehr zu – „und eigenartig, wenn ich in der Früh noch einmal extra ins Hausheiligtum gegangen bin und der Gottesmutter gesagt habe: ‚Komm mit', dann wurde es ein besserer Tag!“
Liebesbündnis heißt: Ich tue meinen Teil, im konkreten Fall, ich tue was ich kann um die Kollegin zu überzeugen, dass grundsätzliche Änderungen erst angegangen werden können, wenn die Chefin wieder hier ist. Diesen meinen Beitrag, dieses mein Bemühen schenke ich der Gottesmutter – im Vertrauen, dass sie wirken wird. Wir wissen nicht, was genau geschieht - aber wir rechnen *dass* etwas geschieht. Wir rechnen mit Gottes Wirken, und das verändert das Lebensgefühl.
Symbolisch schenken wir den Beitrag in den Krug. Der Krug erinnert an ein Ereignis „damals“, wo man angestanden ist. Es war bei der Hochzeit in Kana, da ging der Wein aus und die Gottesmutter schaltet sich ein. Die Krüge werden mit Wasser gefüllt und Jesus wirkt das Wunder: Das was wir jetzt brauchen um ein fröhliches Fest zu feiern – nämlich der Wein – wird geschenkt.
Der Krug wurde 1983 bei der Pfingstwallfahrt nach Schönstatt am Kahlenberg „erfunden“ und hat seither einen Siegeszug um die Welt angetreten, in das Haus und Herz unzähliger Menschen gefunden. Der Krug ist Ausdruck einer Lebenshaltung, die dem menschlichen Beitrag einen wichtigen Stellenwert verleiht – „ich tue was ich kann“ – aber nicht den alleinigen, und die auch dem Schweren einen Sinn gibt.

Genau! Euer Wohnzimmer war randvoll mit Ehepaaren, da war eine unglaublich dichte Atmosphäre.
Herbert: Pater Beller nimmt also den Zitronenkern aus der Tasche – und beginnt zu reden: „Der Zitronenkern lebt und lebt doch nicht. Aber es kann ein Baum daraus werden! Eine Blume die blüht hat Sinn – aber ein Samenkorn das nicht aufgeht, hat keinen Sinn." Dann hat er das weitergesponnen: Sie alle haben viele Tagungen besucht, haben Referentenschulungen gemacht. Und jetzt wird Zeit, dass aus den Samenkörnern ein Baum wächst!
Und da hat er schon einige Bäume genannt - die Ehevorbereitungskurse, die Akademie für Familientrainer, die Familie als Berufung (FAB) - und hat verglichen mit den Aposteln: Wenn es Pfingsten nicht gegeben hätte, wären die Apostel brave Bürger geworden. Aber dadurch, dass der Heilige Geist auf sie herabgekommen ist, sind sie hinausgegangen und Kirche ist entstanden; andernfalls wäre halt nichts gewesen. Daran hat er angeknüpft: Bis jetzt waren wir sehr bescheiden und still in der Kirche, aber jetzt ist es Zeit, dass aus dem Samenkorn ein Baum wird – mit dem Jahresmotto und dem Heiligen Geist gestärkt sollen wir hinausgehen und unser Know-how, das in uns schlummert, hinaustragen.

Hilde: Eine Familie hat dann gesagt: „Und was machen wir aus dem Zitronenkern?" Da ist die Idee entstanden, dass wir eine große Sondernummer der FAB machen und dass diese in allen Pfarren Österreichs aufgelegt wird. Und so ist es dann geschehen! Geglücktes Familien Know-how, das Gespräch, das waren die zentralen Themen, Erfahrungen und Anregungen dazu – und wir haben tausende FABs verschickt. Das Echo war groß! Auch nach Jahren haben wir noch Abo-Bestellungen bekommen von dieser Aussendung. Schönstatt in weiteste Kreise bringen – das war das erste größere Zeichen, das erste das wir umgesetzt haben.

Herbert: Zusammengefasst, er hat gesagt: Wir alle sind eine lebendige Schule unseres Vaters und Gründers, jede Schönstattfamilie ist ein „Lehrer“, der was weitergibt. Erbitten wir den Heiligen Geist, dass aus uns glühende Apostel werden, das war die Kernaussage.

Hilde: Uns hat das sehr motiviert und motiviert uns immer noch für das Apostolat!

Herbert: Erstens haben wir den Zitronenkern immer noch! Zweitens haben wir den Vortrag immer wieder hervorgeholt, der ist so programmatisch. Da hat Pater Beller für uns, für unsere Gemeinschaft ein prophetisches Wort gesprochen.

Gab es auch andere Situationen, wo euch Pater Beller unterstützt oder gestärkt hat?
Hilde: Eine Situation aus meinem Beruf fällt mir ein; wir waren drei Kolleginnen und eine davon, die Leiterin, war längere Zeit im Krankenstand. Die andere Kollegin wollte in dieser Zeit vieles umgestalten, was zu großen Spannungen zwischen uns geführt hat; ich habe sehr darunter gelitten. Ich habe mit Pater Beller darüber geredet und ihm die Situation geschildert und habe ihm gesagt: „Eigenartig, wenn ich in der Früh noch einmal zur Gottesmutter gehe und sage: ‚Komm mit mir und schau, dass der Tag gut wird‘ - dann wird das ein besserer Tag.“
Da hat er gesagt (wie er so ist): "Ha, da sind Sie selber schuld, wenn Sie nicht öfter zur Gottesmutter gehen und mit ihr über ihre Sorgen reden." (lacht) Meine Erkenntnis daraus: "Stimmt eigentlich, er hat so recht!"
Das war wirklich eindeutig, wenn ich in der Früh ins Hausheiligtum gegangen bin und gesagt habe: "Wie schaffe ich den Tag? Gottesmutter, komm mit!", dann war es ein besserer Tag. Und er sagte so lächelnd: "Dann sind Sie selber Schuld, wenn Sie nicht zur Gottesmutter gehen." Da hat man einfach gemerkt: Wie sehr er das Wirken der Gottesmutter geglaubt hat.
Sehr berührt hat mich das letzte Telefonat mit Pater Beller. Ich habe ihn angerufen, weil ich ihm etwas erzählen wollte. Dann sagt er: "Na so was, jetzt habe ich der Gottesmutter

gesagt, sie soll mir eine Freude machen - und jetzt rufen Sie an!" Mir geht es jetzt nicht darum, dass „ich“ anrufe - so hätte er bei jedem reagiert; für mich ist seine Aussage wichtig: Man kann die Gottesmutter um Freude bitten - und das nehme ich mir für mein Leben mit! Und er hat dieses Gespräch, wie fast jedes Telefonat, mit den Worten beendet: „Jetzt beten wir noch etwas.“ Man hat gespürt, wie sehr er in Gott und der Gottesmutter verankert ist und mit ihnen lebt.

Herbert: Anfang der 1990er Jahre musste Pater Beller aus Gesundheitsgründen ein Sabbatikum nehmen und bald darauf ist er als Bewegungsleiter nach Deutschland gegangen. Wir hatten damals die Ligaleitung der Familien und das Jahresprogramm mit Pater Beller als Hauptreferent der Besinnungstage und Tagungen war festgelegt. Plötzlich war alles anders und das hat uns sehr getroffen.

Hilde: Ich war aufgelöst, habe geheult und gesagt: "Wie soll das jetzt gehen? Wer hält jetzt die Vorträge, wie geht das alles weiter?" Ich habe dann gefragt: "Pater Beller, wie soll das alles weitergehen, wenn Sie nicht mehr da sind? Und er hat geantwortet: "Möglich weil unmöglich!“ Er war überzeugt, die Gottesmutter wird sorgen. Und dieses „möglich weil unmöglich" haben wir im späteren Leben oft angewendet und erfahren, dass die Gottesmutter sorgt.

Herbert: Wie ich damals Job gewechselt habe, hat Pater Beller im Gespräch die verschiedensten Gesichtspunkte genannt, aber keine Empfehlung gegeben. Aber allein mit ihm zu reden war schon eine große Hilfe, da habe ich ein neues Bild der Situation bekommen. Aber die letzte Entscheidung hat er mir überlassen.
Seit wir mit Pater Beller zu tun gehabt haben, hatten wir großes Vertrauen in ihn und er hatte großes Vertrauen in uns, und das war nicht leicht zu erschüttern.
Als wir neu in die Ligaleitung gekommen sind, war zu klären, wer die Familienzeitschrift jetzt machen soll, heute heißt sie „Familie als Berufung“ (FAB), damals hieß sie

"Baustein". Die Frage stand an, ob sie Familie Gamper oder wir oder sonst jemand macht. Wir haben einen Artikel für den „Baustein“ zu der Besprechung mitgebracht, den uns unsere Elisabeth mit Schreibmaschine geschrieben hat. Da dachte Pater Beller anscheinend gleich an uns. Wir hatten keinerlei Erfahrung, wie man eine Zeitschrift macht. Pater Beller war aber überzeugt: "Die Fellhofers machen den 'Baustein'!" Das war ein sehr großer Vertrauensvorschuss!

Hilde: Die zweite Nummer war so schlecht, sie hatte sehr viele Fehler, weil wir sie aus Zeitgründen ohne Korrekturlesen in Druck gegeben haben. Pater Beller hat gesagt: "Nein, die können wir das nicht mehr weiter machen lassen." Ich kann diese Ausgabe der Zeitschrift heute noch nicht anschauen, Pater Beller hatte so recht und wir konnten seine Kritik gut annehmen. Er wollte Qualität, und auch für Pater Kentenich war Qualität immer wichtig. Er hat einfach Wahrheiten ausgesprochen und wir waren ihm immer dankbar, wenn er uns auf etwas aufmerksam gemacht hat. Er hat uns aber eine zweite Chance gegeben, und keine Zeitschrift ging mehr ohne Korrekturlesen in Druck. Neun Jahre war es dann unsere Aufgabe, die FAB zu machen, bis wir sie 1993 in die professionellen Hände von Ingeborg und Richard legen konnten.

Gab es auch Phasen, wo die Beziehung belastet war?
Beide: Nein.

Hilde: Wo er gehandelt hat, hat er gehandelt und das war richtig - z.B. bei der FAB waren zu viele Fehler drin und er war uns weiter nicht böse. Oder er wollte einmal kurzfristig nach Ungarn fahren mit uns, und dann haben wir gesagt, da können wir nicht, dann hat er gesagt - gut, dann fährt er mit den Bergers. Das war auch OK. Aber das hat unsere Beziehung in keiner Weise belastet!

Ab wann habt ihr die Heilige Stadt mitbekommen?
Hilde: Das war sehr früh, die Heilige Stadt war ja gleich bei den ersten Tagungen ein Thema.

Herbert: Und auch am Grundstein unseres Heiligtums ist das Symbol der Heiligen Stadt.

Hilde: Heilige Stadt war eine starke Motivation - Pater Beller hat das Zielbild beschrieben. Ein Satz hat uns besonders angesprochen: Es ist eine Stadt, wo einer dem anderen sagt: Ich bin für dich da, auch dann, wenn es schwer fällt; wo man der Gottesmutter das Leid und das Schöne schenkt - sie kann daraus etwas Großes machen. An dieser Heiligen Stadt wollten wir mitbauen!

Warum?
Herbert: Weil es eine Herausforderung war!

Hilde: Das Bild hat uns angesprochen - wir selber, ein Haus der Heiligen Stadt, und wir wollen einen Kreis von solchen Häusern um uns bilden. Pater Beller hat von den Häusern gesprochen und die Häuser benannt (z.B. Haus Sickinger, Haus Schiffl). Wir haben dann ein Türschild gehabt: "Haus Fellhofer"! Und dann haben wir immer wieder FAB-Post bekommen - an "Hans Fellhofer!" (alle lachen!)

Herbert: Das war, was Pater Beller auch immer angesprochen hat: Dass man als Haus apostolisch tätig ist. Für uns war das eine der Schlüsselstellen, wo Pater Beller gesagt hat: "Wenn wir einmal in den Himmel kommen, wird der liebe Gott uns fragen: So viele Ehen sind in die Brüche gegangen, und ihr habt gewusst, wie es geht, und es nicht weiter gesagt." Das war für uns Auftrag und Motivation zum Apostolat.

Hilde: Wir haben die Herausforderung angenommen, auch wenn wir uns immer wieder als zu schwache Werkzeuge gesehen haben. Aber wir haben immer wieder gespürt, die Gottesmutter geht mit uns. In unserem Weihegebet beten wir jeden Tag: "Allein können wir nichts, aber mit dir gelingt uns alles, wofür du uns als Werkzeug erwählt hast."

Hat euch in Schönstatt das Große angesprochen - die Ziele, die Heilige Stadt?
Hilde: Wir haben die Herausforderung angenommen, auch wenn wir uns immer wieder als zu schwache Werkzeuge gesehen haben. Aber wir haben immer wieder gespürt, die Gottesmutter geht mit uns und sorgt für uns, wo sie uns als Werkzeug erwählt hast.

Herbert: Genau, das war es, was uns am Anfang fasziniert hat. Dass wir sagten, da ist mehr drinnen, als wir bisher gewusst haben. Und dann - dass wir uns für eine große Sache einsetzen; dass wir dafür unsere Kraft geben.

Wie ist man von einer Begegnung mit ihm weg gegangen?
Hilde: Einfach als besseres Ehepaar! (alle lachen) Er hat ein paar Worte gesagt, z.B. "Mögen Sie sich noch?" und man hat den Partner in einem anderen Licht gesehen, einem besseren Licht. Wie beim Pater Kentenich - man sagt, wer mit ihm geredet hat, ist als besserer Mensch weggegangen, und von Pater Beller als besseres Ehepaar.

Welches Gottesbild - oder was von dem, wie Gott ist - hat Pater Beller vermittelt?
Herbert: Barmherziger Vater! Wenn man bei Pater Beller beichten war, hat man den barmherzigen Vater gespürt. Das war seine Haltung. Er hat uns einmal erzählt: Er ist so froh, wenn er einmal in den Himmel, in die Ewigkeit kommt, dass er vom barmherzigen Vater gerichtet wird - und nicht vom „Spiegel“.

Hilde: Ich kann mich an eine andere Situation erinnern - da hat er mit jemand geredet und kommt dann zu einer Besprechung und sagt ein paar Mal: "Jetzt habe ich die Liebe verletzt." Wir wussten nicht, was war - aber er musste aussprechen, was ihn bewegt. Er hat gemerkt, jetzt hat er jemanden nicht so behandelt, wie der liebe Gott ihn vielleicht behandelt hätte. Und er hat ein Wort gefunden dafür: "Jetzt habe ich die Liebe verletzt."

Wie habt ihr insgesamt von der Begegnung mit ihm profitiert?
Herbert: Die Begegnungen mit ihm waren für uns eine echte Lebensschule: Wir sind ein besseres Ehe-Team geworden, durch seine vielen Tipps für Partnerschaft und Familie. Wir sind in unserem religiösen Leben gewachsen und persönlich mit der Gottesmutter als unsere Erzieherin. Wir haben durch ihn Pater Kentenich als Vater, Lehrer und Propheten kennengelernt und da möchten wir weiter arbeiten und weiter wachsen.
Hilde: Er hat uns beschenkt und wir möchten ihn beschenken. Für seine große Vision - Heilige Stadt - stellen wir uns gerne weiterhin als Apostel zur Verfügung, dafür gibt es uns. Wir glauben, das ist das größte Geschenk, das wir ihm zurückgeben können.

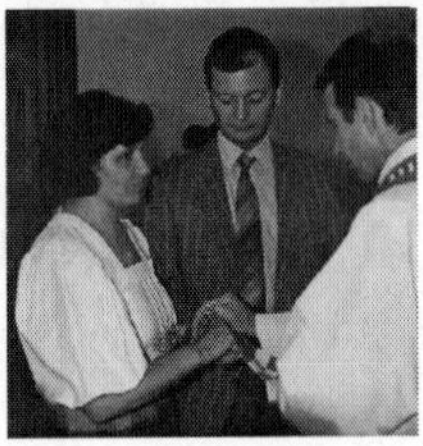

Hilde & Herbert Fellhofer
Foto aus der Zeit der ersten Begegnung mit P. Beller

Beruf: *Kindergartenleiterin, Manager IT und Telekom (heute Pension),* ***Familie:*** *Eine Tochter,* ***Wohnort:*** *Wien,* ***Gemeinschaft:*** *Schönstatt Familienbund (Kurs 1),* ***Schönstatt-Engagement:*** *Leitungsaufgaben (Zeitschrift "Familie als Berufung", Familienbewegung, Sakristane am Urheiligtum)*

Mit seiner östereichischen Schönstatt-Familie bei einer Wallfahrt nach Schönstatt in Deutschland - stolz auf das, was geworden ist!

Himmel und Erde verbindend

Manuela & Helmut Baumgartner

Eure erste Begegnung mit Pater Beller - wie war das?
Manuela: Die erste Begegnung, das betrifft mich. Gabi Hießberger - sie war im Krankenhaus mit mir Turnusärztin - hat mich eingeladen: „Da gibt es einen Vortrag über Erziehung, da spricht ein Pater, Pater Beller eben, das könnte etwas für dich sein!“ Ich bin dann hingegangen, aus beruflichen Gründen, aber auch weil es mich persönlich interessiert hat als Mutter.

Pater Beller hat über eine Mischung von Themen gesprochen, sowohl Kindererziehung wie auch Partnerschaft. Auffallend war, dass er ganz frei gesprochen hat und total auf die Stimmungen der einzelnen Leute im Publikum eingegangen ist. Man hat gesehen, wie er den einzelnen

Zuhörer erfasst hat - da geht jetzt wer mit! Alles war sehr lebensnahe und „Himmel und Erde verbindend“.
Weil die Veranstaltung gratis war, habe ich damals die Kassetten „Glücklich machen, um glücklich zu werden“ gekauft und mitgenommen. Das waren Vorträge von Pater Beller zur Partnerschaft. Ich habe mir gedacht, wenn schon für so einen guten Vortrag kein Eintritt verlangt wird, dann kaufe ich wenigstens die Kassetten im Sinne einer Spende für die Bewegung.

Wo war dieser erste Vortrag?
Manuela: Das war ein Abendvortrag in der Pfarre in Leonding, es waren 20 bis 30 Leute da. Gabi, die mich eingeladen hatte, war aber selbst nicht mit, sondern hatte mir gesagt: „Eine Freundin von mir wird dort sein“. Das war Inge Haslinger, mit der bin ich dann ins Gespräch gekommen.
Pater Beller hat sehr bodenständig gewirkt, man merkte, der hatte wirklich eine Ahnung vom Leben. Ich habe mir gedacht: „Er spricht als Priester, hat keine Familie - und ist so kompetent.“ Ich kann mich genau an eine bestimmte Situation erinnern, wo eine Frau gesagt hat: „Ich hätte so gern, dass mein Mann weniger raucht.“ Und dann brachte er das Beispiel: „Wenn es ihm so schwer fällt, dann soll er ein Glas nehmen und da steht drauf „Für Gabi“, und da wirft er die Zigarette hinein mit dem Gedanken: einfach nur aus Liebe zur meiner Frau mache ich das jetzt.“ Eine ganz unübliche Methode, aber sehr lebensnah. Er hat die Leute sehr aufnehmen können.

Dann hast du die Kassetten mit heim genommen...
Helmut: Ja, das war dann meine erste Begegnung mit Pater Beller. Ich habe die Kassetten bei einer Autofahrt abgehört. Es hat mich angesprochen, dass da Lebensvorgänge mit einem Verständnis beschrieben wurden, wo man sagt: „Ja, so ist das wirklich!“ Das war sofort nachvollziehbar und voll von praktischen Anregungen.
Die Kassetten waren dann der Grund, dass wir gemeinsam zum ersten Einkehrtag für Familien nach St. Isidor kamen.

Wahrscheinlich wurden wir von den Hasis eingeladen. Hingegangen sind wir auch deshalb, weil die ganze Familie mit dabei sein konnte. Wir kannten damals kein Angebot, wo man Kinder mitbringen konnte.
Wie habe ich ihn als Person wahrgenommen? Ich konnte das am Anfang schwer einordnen, als ich ihm in den Vorträgen zuhörte. Irgendwie hat er mich fasziniert, es war gut ihm zuzuhören. Aber gleichzeitig habe ich überlegt: „Was für ein Konzept ist da jetzt dahinter? Worauf will er in dem Vortrag jetzt eigentlich hinaus? Was ist der rote Faden?“ Das war für mich nicht immer klar.
Wir haben uns am Anfang jedenfalls schon recht vorsichtig an Schönstatt herangetastet.

Manuela: Ich weiß noch, in der Pause, da waren die Fellhofers dort, zu denen habe ich gemeint: „Es ist ja alles so logisch für mich, was Pater Beller sagt“. Außerdem hatten wir kein Problem miteinander als Paar gehabt, sodass ich mir gedacht habe, warum sollen wir da überhaupt herkommen?
Dann sagte Hilde: „Weißt Du, wir haben auch kein ‚Problem' gehabt, und es ist uns immer gut gegangen, nur: Mit Schönstatt geht es uns einfach noch besser!“ Da habe ich gedacht: „OK, ich muss nicht nur hingehen, wenn ich ein Problem habe!“ Das war ein Schlüsselerlebnis.
Dann hat es aber auch Erlebnisse gegeben, wo Pater Beller für mich nicht so gut ausgestiegen ist: immer seine ominöse Frage: „Mögt ihr euch noch?“ Ich bin ein Psychologie-Freak, aber das! Jedes Mal, immer dieselbe Frage, immer mit der selben Neigung seines Kopfes und der dazugehörenden bestimmten Stimmgebung.

Was hat dich daran gestört?
Manuela: Jetzt aus der Distanz sehe ich das ein bisschen anders. Er wollte mit dieser Frage vermutlich nur schnell abchecken: „Wie geht es den beiden?“ Weil man aus der Körpersprache vieles sehr schnell wahrnehmen kann. Und das konnte er sicher.

Dass ihr gemeinsam zu diesem ersten Besinnungstag gekommen seid - ward ihr auf der Suche nach etwas Religiösem?

Helmut: Nicht wirklich auf der Suche. Eher ein spontanes Einlassen auf ein Angebot, welches man als komplette Familie annehmen kann. Als Familie wollten wir immer etwas gemeinsam machen. Und da war der Glaubensaspekt dabei, und diese erste Faszination, dass da ein großes Wissen, ein Verstehen des Lebens da ist, das wir sonst noch nirgends so erlebt hatten.

Es war die Faszination: Da ist ein Einkehrtag, wo es nicht um abgehobene Glaubensfragen geht, sondern um konkrete Fragen, wie ich mein Leben besser bewältigen kann, ob in der Partnerschaft, in der Erziehung oder im Umgang mit meiner Umwelt, im Beruf. Das aber eben nicht isoliert, sondern mit dem Glauben verbunden. Diese Verbindung des Psychologischen und Pädagogischen mit dem Glauben war von Anfang an ein großes Erlebnis für uns.

Heute würde ich sagen, das ist meine besondere Faszination an Pater Beller, dass er uns Pater Kentenich sehr nahe gebracht hat. Ich hatte immer das Gefühl: Das ist eine wichtige Grundintention von Pater Beller, dass er Leute auf diese Spur bringen will. Das liebste war ihm, er hat an jemandem wahrgenommen: „Jetzt ist er aufgesprungen und erforscht Pater Kentenich für sich, hat Feuer gefangen." Das gleiche mit der Gottesmutter – zu sehen, jetzt haben die Leute die Gottesmutter gern. Da strahlten seine Augen!

Die Pädagogik, die Pater Kentenich entwickelt hat, ist geprägt von seiner außergewöhnlichen Fähigkeit der Lebensbeobachtung und psychologischen Erkenntnis. In dieser Hinsicht steht er wissenschaftlich und als Pionier den gefeierten Psychologen und Medizinern wie z.B. Freud in nichts nach. Der große Unterschied zu diesen ist aber, wie Pater Kentenich mit diesen Beobachtungen umgegangen ist, was er daraus gemacht hat: er hat sich einerseits nicht primär auf den kranken Menschen konzentriert und er hat anderseits diese Beobachtungen aus einer tiefen Glaubenssicht interpretiert. Für Pater Kentenich stand der liebe Gott hinter jeder Lebensbeobachtung. Schließlich kommt sein ganzheitlicher Ansatz dazu, der alle Ebenen des Menschseins harmonisch miteinander verbindet.

Wie ist euer Schönstatt-Weg von dort weiter gegangen? Seid ihr auf Familientagung gefahren?
Helmut: Das hat lange gedauert. Wir konnten damals nur wenig Urlaub nehmen. Es waren noch andere Zeiten im Krankenhaus. Und dann wollten wir die wenige Zeit ganz den Kindern widmen. Wir sind eine Ausnahme von dem Grundprinzip gewesen, dass man erst in eine Familienrunde geht, wenn man auf einer Tagung war – Schwester Elmengard hat uns dann doch ohne Tagung in eine Runde geholt. Der Kontakt ging über diese Einkehrtage, die haben wir alle besucht und es hat uns sehr gut gefallen. Die Einladung, auf eine Familientagung zu kommen, haben wir über Jahre nicht wahrgenommen. Wir waren dann in einer Runde mit Hasis, Sengstschmid und Weichslers, die haben wir sehr schätzen gelernt. Sich gemeinsam auf Lebensfragen einlassen – da gab es viele bewegende Momente und Erfahrungen. Dann kam das Amerika-Jahr, und erst als wir wieder von Amerika zurück waren, war klar, dass wir jetzt auf eine Tagung fahren. Und dann waren wir gleich Sommer – Winter – Sommer auf Tagung, also innerhalb eines guten Jahres auf drei Tagungen, weil die Begeisterung so groß war. Die erste Tagung muss im Sommer 1991 auf dem Kahlenberg gewesen sein.

Hattet ihr da vorher schon mit Pater Beller näher Kontakt, dass er euch besucht hätte, oder Gespräche oder Beichte?
Helmut: Nein, nur die kurzen Begegnungen in den Pausen an den Einkehrtagen. Dafür war Schwester Elmengard teilweise bei den Runden dabei, was ich damals als ganz eigenartig empfunden habe: Da kommt eine Schwester extra aus Wien und sitzt bei den Runden dabei und schaut, was da so läuft. Schwester Elmengard hat sich ja – in meiner Erinnerung – eher wenig zu Wort gemeldet.

Manuela: Sie war es dann auch, die uns für den Familienbund angesprochen hat. Die beiden, Pater Beller und Schwester Elmengard sind schon ein sehr gutes Team gewesen mit großem Einsatz zum Wohle der Familien.

Und nun ward ihr auf einer Tagung - was hat euch da angesprochen?
Manuela: In der ersten Tagung hat genau das eingeschlagen, was Tagung ausmacht – die Atmosphäre, die Gemeinschaft, die Beschäftigung mit den lebensnahen Themen, die uns interessiert haben.

Helmut: Von Anfang an hat mir auch besonders gefallen, dass es sehr unterschiedlich war, woher die Leute in Schönstatt kamen. Was ich nie geliebt habe, das war, wenn sich im religiösen Bereich so Akademikerclubs bilden, weil ich immer empfunden habe, das kann es nicht sein. Und das war eine starke Wahrnehmung an Schönstatt, dass da der Handwerker und Akademiker, der Bauer und der Manager völlig problemlos miteinander arbeiten und weiterwachsen. Die Lebensfragen in Partnerschaft und Erziehung sind ja überall die gleichen und für jeden gleich herausfordernd. Das war von Anfang an für uns ein echtes Markenzeichen der Schönstatt-Bewegung, das hat gut funktioniert.

Auch da war die Begegnung mit Pater Beller vor allem über die Vorträge?
Helmut: Ja, aber wir haben sicher auch ein Einzelgespräch mit Pater Beller gehabt. Schwester Elmengard hat das arrangiert, ob man wollte oder nicht. Wobei wir nicht mit etwas gekommen sind, also nicht mit einer Frage, die uns bewegt hat und wo wir eine konkrete Antwort von ihm wissen wollten. Darum hatten wir auch von uns aus kein Gespräch ausgemacht mit ihm. Da musste er aktiv werden, um das Ganze in Gang zu bringen, und das hat er schon geschafft. Letztlich waren dann immer Dinge dabei, die wir danach schriftlich für uns festgehalten haben. Ich habe noch immer im Ohr: „Sehen Sie, bei Ihnen ist das so..."

Wachstumsprinzip 10: Bei Ihnen ist das so...
Auf das Individuum eingehen

Die Schönstatt-Pädagogik zeichnet aus, dass großer Wert auf die Einzigartigkeit jeder Person gelegt wird. Pater Kentenich zitiert gerne Goethe: „Eines schickt sich nicht für alle."
„Bei Ihnen ist das so...", war ein Schlüsselsatz in der Begegnung mit Pater Beller. Man hatte das Gefühl: Er versteht wie ich bin, er legt keine Norm an, er sieht mich als Individuum, und hilft mir, mich besser zu verstehen. Er hat mich ganz aufgenommen, er hat Röntgenaugen, er hat die Seelenschau - so haben unterschiedliche Menschen diesen Vorgang erlebt. Paulus beschreibt die Gaben des Heiligen Geistes, also besondere Charismen. Die Gabe des Rates meint, einem Menschen verstehen zu helfen, was der liebe Gott von ihm will.
Das setzt dreierlei voraus. Erstens, eine große Fähigkeit, andere aufzunehmen, auch feine Vorgänge wahrzunehmen, ein gewisses Leersein von sich selbst und Hingewendetsein zum anderen. Ein Interviewpartner beschreibt: „Vom ersten Treffen habe ich gar nicht genau in Erinnerung, was er gesagt hat - aber dieses wache Interesse an meiner Person, das war das stärkste!"
Zweitens, ein Tasten und Erkennen, was ist jetzt dran? Die Bereitschaft, selbstlos fremdem Leben zu dienen, wie Pater Kentenich formuliert, also das Leben des anderen im Blick zu haben, und nicht die eigenen - auch legitimen - Interessen. „Jesus sah ihn voll Liebe an", heißt es im Evangelium (MK 10,21) - und dann richtet er an den jungen Mann eine Botschaft, die allein für ihn bestimmt war.
Drittens, das Heraushören: Was sagt der liebe Gott? Ein guter Psychologe (wie es die Schönstatt Patres aufgrund ihrer Ausbildung sind) kann schon sehr hilfreich sein. Bei Pater Beller war es charakteristisch, dass er im Gespräch an entscheidender Stelle eine kurze Pause gemacht hat - und man hatte den Eindruck: Er ist jetzt bei Gott, und mit ihm fällt er die Entscheidung, was er jetzt sagt, und er nimmt einen selber zum lieben Gott mit.

Manuela: Das war die spezielle Kunst von Pater Beller, die Menschen ganz individuell aufzunehmen und in die Seele blicken zu können (man hatte zumindest das Gefühl). Ich kenne niemanden, den er nicht groß gesehen hat und das tat gut.

Wieso seid ihr dann gleich wieder auf Tagung gefahren?
Manuela: Weil uns die Tagung so gut gefallen hat. Weil uns die Themen - dieser Umgang miteinander, die Kindererziehung - sehr angesprochen haben. Alle Themen waren sehr griffig, für mich in doppelter Hinsicht, weil ich viel davon nicht nur in unserer Familie sondern auch im beruflichen Bereich umsetzen konnte, bis zum heutigen Tag. Was ich an Elternberatung mache, ist sicher zu gut drei Vierteln von dieser Quelle und zu einem Viertel von allen sonstigen psychologischen und verhaltenstherapeutischen Quellen. Das Inhaltliche bei den Tagungen war es, davon wollte ich mehr! So eine Woche war so ein Gewinn.

Kannst du Beispiele sagen, was du da im Beruf anwendest?
Manuela: Kinderziehungsthemen. Und Polarität! Zig-mal habe ich Eltern den Straßengraben aufgezeichnet, zum Beispiel mit den Polen: „zum Mutigsein erziehen“ auf der einen Seite und „Wärme, Geborgenheit geben“ auf der anderen. Dann: Grenzen setzen, das ist ein großes Thema, das sich Eltern oft nicht zutrauen. Dann „Groß sehen“ – den Partner, die Partnerin, die Kinder - und Goldgräber sein, nicht Mistkäfer. Das waren sehr plakative Beschreibungen, die wir gerne übernahmen.
Ich muss sagen, im Krankenhaus haben sie uns eher belächelt – alle fahren zu besonderen Urlaubsorten und wir sagen: „Wir fahren nach Wien auf den Kahlenberg.“ Dann hat Helmut einmal ein Gedicht gemacht für den „Bunten Abend“, in dem es darum ging, wie die anderen oft geschlaucht und gestresst vom Urlaub wieder ins Krankenhaus kamen und wir eben gestärkt. Am Kahlenberg war damals das Quartier ja noch sehr bescheiden, und das nebeneinander zu stellen, das schöne Hotel der Kollegen

und wir in einem dürftigen Zimmer und trotzdem war unsere Woche etwas ganz Besonderes.

Habt ihr eure Freunde zu einer Tagung eingeladen?
Manuela: Wir haben beim zweiten Mal gleich eine befreundete Familie mitgebracht...

Helmut: ... was sofort schief gegangen ist!

Manuela: Die sind auch religiös, da hatten wir gedacht, das passt gut zu ihnen – es würde eigentlich auch bis zum heutigen Tag passen. Sie waren auf der Weihnachtstagung mit uns. Sie sind abgesprungen und haben gesagt, nein danke. Sieht man wie unterschiedlich – war ja dieselbe Tagung und derselbe Pater Beller und dieselben Vorträge. Aber der Mann hat immer das Gefühl gehabt, er wird psychologisch manipuliert, das hat zu einer völligen Ablehnung geführt. Die würden von der Lebenseinstellung und Wertehaltung hundertprozentig zu Schönstatt passen, bis heute.

Helmut: Der Mann hat sehr viel analysiert bei der Tagung, was der Pater jetzt da spricht und was dahinter ist – er hat den Eindruck gehabt, er soll in eine Richtung bewegt werden, wo er eigentlich nicht hin will.

Manuela: Die hatten auch zwei kleine Kinder, die schlecht geschlafen haben. Die Woche war also schon sehr anstrengend für die beiden, das kam noch dazu.

Euch hat es nicht abgeschreckt - was habt ihr euch denn von so einer Tagung mitnehmen können?
Manuela: Die Atmosphäre - eine Familie von Familien! Und das praktische, das pädagogische Wissen. Aber auch: Es braucht noch mehr! Nach der ersten Tagung haben wir auch unser Hausheiligtum errichtet.

Helmut: Wobei wir mit dem Bild der Gottesmutter anfangs nicht gut umgehen konnten, weil es uns so kitschig erschien.

Bei den Einkehrtagen in St. Isidor war das Bild noch dazu in einem Koffer mit blauen Seidenrüscherln. Da war auch noch ein Bild von Pater Kentenich drinnen, für uns ein Hammer, das stand dort mit einer Kerze. Aber man hatte nicht das Gefühl, man muss den Koffer oder das Bild jetzt schön finden. Da gehört der Aspekt der erlebten Freiheit dazu – ich hatte überhaupt nicht das Gefühl, ich „muss" jetzt irgendetwas von dem übernehmen; das war ein ganz wichtiges und starkes Erlebnis. Bei der Tagung kam dann das Erlebnis des Kapellchens dazu – und das Bild bekam langsam eine andere Bedeutung.
Wir haben das Bild dann mitgenommen und ich habe uns einen eigenen Bildstock gebastelt. Wir haben dann mit einfachen Abendandachten begonnen. Mit den Kindern setzten wir uns abends ins Hausheiligtum, betrachteten den Tag rückblickend mit dem entsprechenden persönlichen Dank.
Wie wir das Hausheiligtum dann viel später eingeweiht haben, haben wir es ausgestaltet, da ist ein Bild von Pater Kentenich dazu gekommen und die Bilder der Heiligen unserer Kinder. Aber der Beginn war der selbstgebastelte Bildstock.

Diese drei Tagungen innerhalb eines Jahres - das war eine Intensivzeit?
Manuela: Ja. Und danach war schon bald die erste Familienbund-Information, und dann haben wir uns entschieden im Bund anzufangen. Das hat ja eigentlich Schwester Elmengard eingefädelt und uns immer wieder angesprochen, doch zum Bund zu gehen.

Helmut: Der Grund, zum Familienbund zu gehen, war für uns: Man hatte schon vieles aufgenommen von dem, was Pater Beller da erzählt hat, aber es war „hier was und dort was". Wir wollten einen kontinuierlichen Prozess mit Wachstum in einer Gemeinschaft mit gleichgesinnten Familien. Das macht uns viel Freude und gibt Kraft bis heute.

Diese Zeit des Hineinwachsens bis zur Entscheidung zum Familienbund – hat da Pater Beller eine entscheidende Rolle gespielt, oder eine Rolle unter anderen?

Manuela: Er hat eine ganz entscheidende Rolle gespielt. Wir haben ja nur ihn gekannt, er war der einzige, der referiert hat, damals haben noch keine Familien referiert. Man kannte nur ihn – und entweder er sagte dir zu oder eben nicht.
Er hat das Leben gut greifen können, er konnte gut die Menschen erfassen. Das hat mich angesprochen, weil ich das auch wollte, egal ob privat oder im Beruf. Ich habe auch beobachtet, wie er differenziert - er sagt zu dem das und zu dem das, wie es halt passt.

Helmut: Das war schon ganz klar das Wahrnehmen eines Priesters - ganz anders und spezieller als andere Priesterpersönlichkeiten, das muss ich klar sagen. Und die ganze Neugierde auf Schönstatt, der Wunsch noch tiefer in Schönstatt hineinzuwachsen, ist im Wesentlichen an ihm gehangen. Rundum waren da natürlich viele positive Erlebnisse - der Kahlenberg und wie die Schwestern uns aufgenommen und die Atmosphäre gestaltet haben. Aber im Wesentlichen ist schon sehr viel an Pater Beller gehangen, an ihm hat man gesehen: Es ist ein großer Schatz dahinter, von dem wir erst ein klein wenig verstanden haben und von dem man mehr profitieren will. Das war auch der entscheidende Impuls, in den Bund zu wollen. Wesentlich ist das also an Pater Beller gehangen - als die Person, die den Schatz verstanden hat und ihn weitergeben konnte und wollte.
Pater Beller hatte für mich in der Entwicklung meiner persönlichen Beziehung zu Pater Kentenich auch insofern große Bedeutung, als ich Teile des Charismas Pater Kentenichs an ihm erleben durfte. Dieses völlige Annehmen, wie ich mich von ihm immer wertgeschätzt erlebt habe oder - das war schon verblüffend - wie er die Dinge sehen konnte, dieser Blick in den „Abgrund der Seele“, ohne dass es je verletzend war. Das waren so typische Situationen, wo er einen nicht angeschaut hat, sondern sich ganz konzentriert hat mit gesenktem Kopf - und dann etwas sagte, was besonders wichtig und oft erstaunlich zukunftsweisend war.

Manuela: Wenn wir eine Frage oder ein Problem in der Arbeit hatten, konnte er das sehr gut analysieren. Und das, obwohl er die Menschen meist nicht kannte, die an bestimmten Ereignissen, die er analysierte, beteiligt waren. „Der Typ ist so-und-so, und Sie werden so-und-so reagieren, und das wird nicht leicht für Sie“, in dieser Weise analysierte er und war darin ein Meister. Auch dass er unsere Kinder beschrieben hat, wo ich gedacht habe: „Er trifft es exakt - und kennt die gar nicht!“ Das konnte er, dieser typische Blick, wo er in sich schaut und sagt: „Bei Ihnen ist das so...“ Bisher haben wir niemanden kennengelernt, der Menschen so gut aufnehmen und so in Details eines Charakters greifen konnte und Problemstellungen so gut analysieren konnte.

Und wer ist Pater Kentenich für euch?
Helmut: Eine ganz zentrale Person. Ich habe immer mehr die Erfahrung gemacht, dass ich mir so viel von ihm direkt holen konnte. Und da hatte Pater Beller eine Schlüsselfunktion. Das konnte ich für mich stark feststellen. Ich habe seine Strategie immer so empfunden: Es ist ihm das Wichtigste, dass er Verbindungen schafft; er konnte relativ hart sein, wenn Leute sich zu stark an ihn binden wollten. Sein Prinzip war weiterzuleiten – zu Gott, zur Gottesmutter, zu Pater Kentenich. Also wenn es zu sehr „Betreuungsfunktion“ wurde, konnte er das auch schroff abweisen, was auch zu Enttäuschungen führen konnte.
Nur um jemanden „zu hätscheln“, dafür hat er sich die Zeit nicht genommen, da war er schon ein ganz klarer Stratege. Der Tag hat nur 24 Stunden, und die müssen dafür eingesetzt werden, dass etwas wächst. Sein Bestreben war, Menschen selbständig zu machen, sodass sie selbst Pater Kentenich und die Gottesmutter entdecken und sich dann selbst weiter entwickeln - sodass es dann unter Umständen auch ausreichen muss, sich nur zwei- oder dreimal im Jahr zu sehen.

Was für ein Bild von Gott hat Pater Beller vermittelt – in den Tagungen, Messen, Predigten?
Helmut: Für Pater Kentenich war Gott so real wie diese Ses-

sellehne, was ja als eigener Ausspruch von ihm übermitttelt wird. Und genau das habe ich an Pater Beller spürbar erlebt, dass das totale Realität ist. Meine primäre Wahrnehmung und Faszination war zunächst sicherlich das Psychologische und Pädagogische, er hat auch sehr viel damit gearbeitet. Die Bindung an die Gottesmutter und den lieben Gott war für ihn dann aber das Entscheidende. Und das war auch an ihm erlebbar, das war eine starke Botschaft, dass man nicht dem Fehler verfallen soll, das Psychologisch-Pädagogische zu einseitig und zu stark zu bewerten, weil es alleine absolut nicht ausreichend ist – und das von jemandem zu hören, der das so hervorragend beherrscht. Das Bild von Gott, das er wie Pater Kentenich unermüdlich vermittelt hat, war das des barmherzigen Gottes. Ein Gott, der die Liebe ist. Geborgen im Vatergott...

Pater Beller hat euch viel gegeben – was davon lebt auch in euch, was möchtet ihr auch anderen weitergeben?
Manuela: Drei Dinge - erstens, das Große im anderen sehen! Zweitens, sein Vertrauen in die Gottesmutter - unendlich geliebt zu sein, auch in den schwierigsten Situationen. Seine große Liebe zur Gottesmutter war so natürlich und auch so sicher wie diese Sessellehne. Und drittens: das Herzensheiligtum. Einmal wollte ich ihn dazu interviewen, da hat er zunächst gemeint, eigentlich fällt ihm jetzt gar nichts ein. Und dann hat er eineinhalb Stunden geredet und am Ende gesagt: „Vielen Dank, ich habe jetzt gerade für mich selber viel reflektiert," - und da war seine Schlüsselstelle das Herzensheiligtum!
Zum Hintergrund: Einmal ist er mit Pater Kentenich unterwegs gewesen, und Pater Kentenich hat ihm gesagt: „Es gibt das Urheiligtum, das Filialheiligtum, das Hausheiligtum, das Herzensheiligtum..." Pater Beller hat sich gedacht: „Schon wieder diese Leier, das kenne ich doch schon!" Da ist Pater Kentenich stehen geblieben, hat sich zu Pater Beller gedreht und gesagt: „Herzensheiligtum – deswegen machen wir das alles! Haben Sie mich verstanden?" Und da, so hat Pater Beller gesagt, hat er zum ersten Mal verstanden,

welche Wichtigkeit das Herzensheiligtum hat. „Und soeben habe ich das wieder erlebt, ich habe das noch nie so erzählt", meinte Pater Beller zu mir sehr ergriffen und ich glaube, in diesem Moment habe ich es durch seine intensive Schilderung auch verstanden: Das Herzensheiligtum, deswegen machen wir das alles!
In Erinnerung und als Vorbild wird mir auch immer sein großes „Heimweh" nach dem Himmel bleiben, seine Sicherheit im Himmel daheim zu sein und zurückzukehren am Ende seines Lebens. Noch nie habe ich so eine Sehnsucht und so einen bittenden Blick mit ausgestreckten Armen zum Himmel erlebt – für mich war es, als war er sich der Liebe Gottes, der Gottesmutter und Pater Kentenichs so sicher, so sicher wie die Realität dieser Sessellehne im Raum, kombiniert mit der Haltung des gelebten Kindseins vor Gott.

Helmut: Ich empfinde es als ein ganz besonderes Vermächtnis, diesen Auftrag, sich immer wieder neu und ganz an Pater Kentenich zu orientieren, auch was Schönstatt als Bewegung betrifft. Das hat Pater Beller uns am besten mit Österreich gezeigt: Dort, wo Schönstatt neu entsteht und ganz neu beginnt, da muss es sich ganz an Pater Kentenich orientieren. Das finde ich auch das Geniale an Schönstatt, dass es immer wieder neu gegründet wird, dass etwas ganz Neues wachsen kann, wo man sich wieder ganz an Pater Kentenich orientiert – die Voraussetzung, dass es wirklich original Schönstatt und lebendig bleibt.

Helmut & Manuela Baumgartner

Beruf: *Facharzt (Kardiologie) und Fachärztin (Kinderheilkunde), beide in leitender Stellung*
Familie: *Vier Kinder,* ***Wohnort:*** *Linz und Münster*
Gemeinschaft: *Schönstatt-Familienbund (Kurs 2)*
Schönstatt-Engagement: *Leitungsaufgaben, Entwicklung von Familientagungen für Familien mit Kindern mit besonderen Bedürfnissen*

Die Sehnsucht nach einem Heiligtum hat die ganze Bewegung entzündet - und heute wird es Wirklichkeit: Mit der Einweihung dieses Gnadenortes am 31. Oktober 1982 beginnt etwas Großes, auch über Österreich hinaus! Erzbischof Jachym und 2.000 Menschen feiern mit.

Es kommt auf den Plan Gottes an

Rita & Róbert Gódány

W*ie habt ihr Schönstatt kennengelernt – und wie Pater Beller?*

Robert: Ich habe Schönstatt als Theologie-Student in Wien kennengelernt. Schwester Aquila hat für die Studenten des Pazmaneums – das ungarische Priesterseminar in der Boltzmanngasse – für die Ferien eine Reise- bzw. Aufnahmemöglichkeit in Deutschland organisiert, bei Schönstatt-Müttern im Umkreis der Liebfrauenhöhe. Das haben wir in den Ferien 1959 zu neunt, glaube ich, in Anspruch genommen.

Zuerst sind wir direkt nach Schönstatt gefahren, wo wir in der Marienau, im Priesterhaus, untergebracht geworden sind. Der damalige Rektor des Hauses, Klein-Arkenau, ein

Priester, hat uns dort über Schönstatt erzählt. Ich bin neben Kristof Janos gesessen und wir beide haben uns beim Zuhören gegenseitig angeschaut: „Da kommen wir wieder zurück!“ Das war die Reaktion von uns.
Das waren die ersten Begegnungen. Im selben Sommer sind wir dann noch einmal nach Schönstatt gefahren, per Autostopp, um Schönstatt noch mehr kennenzulernen. Auch Pater Beller konnte sich erinnern, dass er mich damals in Schönstatt kurz gesehen hat, wie ich unterwegs mit irgend einem Buch in der Hand spazierte und las. Ich selber kann mich an Pater Beller aus dieser Zeit nicht erinnern, erst später.

Die ersten Eindrücke von Schönstatt – was hat dich besonders berührt?
Robert: Zwei Sachen waren das. Einmal, wir durften die 3. Klasse (7. Schuljahr) der Schönstätter Marienschule besuchen. Sie hieß die Klasse der „Sonnenkinder“ und da war in der Klasse sogar eine Fahne mit der Sonne dargestellt, das war deren Ideal. Das hat für mich geheißen: Da wird am Menschen gearbeitet, da wird die Natur des Menschen ernst genommen, die natürliche Realität. Das zweite war, dass jeder Christ berufen ist nach Heiligkeit zu streben; also das Christliche im Menschen, wie Pater Kentenich das angestrebt hat. Diese beiden Sachen waren es, wo ich bemerkt habe, das ist schon etwas Rechtes.
1961 habe ich an einer Dachau-Tagung teilgenommen, wo wir sehr viel über Pater Kentenich gehört haben. Drei von uns haben während dieser Tagung spontan beschlossen: „Wir wollen Pater Kentenich in Milwaukee persönlich besuchen!“ Als es konkret wurde, haben die anderen zwei abgesagt – und ich bin alleine gefahren, unangemeldet. Bin hingekommen zu den Schwestern in Milwaukee. Das Bild habe ich vor mir, die Kapelle, das Haus, dort hat Pater Kentenich gewohnt. Er hat mir dann ein Viertelstündchen am Tag versprochen und geschenkt und ich konnte diese Gespräche mit einem mitgebrachten Tonbandgerät aufnehmen. Besonders erinnerungswürdig ist mir die fol-

Wachstumsprinzip 11: Ein Leben voller Zeichen
Was sagt mir der liebe Gott?

Wir sind umgeben von Zeichen, kleinen und großen. Und dann gibt es Momente, wo ein Zeichen einen plötzlich berührt, wo man intuitiv bemerkt: Da bin *ich* gemeint, da ist eine Botschaft für mich drinnen, der liebe Gott will mir etwas sagen.
Die Heilige Schrift bringt unzählige Beispiele wie Gott wirkt, von der kleinsten Kleinigkeit - sogar die Haare am Kopf sind gezählt - bis hin zur Schöpfung und der Welt im Ganzen. Wo kann man das im eigenen Leben erfahren – dass Gott wirkt, dass er da ist, dass er Großes mit mir vor hat? Und was für einen Unterschied macht das? In Schönstatt geht man in die „Schule des Heraushörens", aus den vielen Zeichen seine Botschaft für mich wahrzunehmen und durch mein Handeln Antwort zu geben.
Schritt eins ist der Aufbau einer gewissen Voreinstellung, einer Haltung, eines wachen Bewusstseins: Gott wirkt – auch in meinem Leben, er sagt mir etwas. Ein Vergleich: Ein junges Paar hat sich bei einem Fest verliebt, es ist ein vielversprechender Anfang. Später findet sie auf ihrem Auto eine Rose, hinter den Scheibenwischer geklemmt – und sofort steht diese Frage vor ihr: „Warst *du* das?" Für sie war die Rose ein Zeichen, eine Botschaft von jemandem, dem sie wichtig ist. Wenn wir mit dieser Voreinstellung durch den Tag gehen „Warst du das, lieber Gott?", dann kann ein ganz normaler Arbeitstag richtig aufregend werden.
Schritt zwei – am Abend setzt man sich ins Hausheiligtum, zündet eine Kerze an, lässt die Ereignisse des Tages noch einmal hochkommen – das Schöne, das Schwere – mit der Frage: „Was sagst du mir damit, lieber Gott?" Dann kann man ein Jobangebot bekommen, oder es kann sein, dass ein Regal zusammenbricht – und da ist ganz spontan die Frage: „Was möchte mir der liebe Gott damit sagen?" Hinter dem, was ich erlebe, steht mein Gott, der mich führt. Alles hat Sinn.

gende Aussage: „Sie müssen den Liebesstrom nur auffangen, durch sich hindurchgehen lassen, und auch andere dafür gewinnen. Es müssen nicht viele sein... Wenn Sie dann so eine kleine Schar darstellen, den Liebesstrom nach Ungarn leiten... Und dann nach Russland..."

Wie du wieder zurück warst, habt ihr beide euch kennengelernt?
Robert: Das hat noch eine Zeit gedauert. Im Herbst 1963 habe ich meinen Vorgesetzten gesagt, dass ich nicht Priester werden will.

Rita: Robert hatte die Entscheidung getroffen, dass er doch nicht Priester werden sollte. Ich kam in den Sommerferien 1965 zum ersten Mal ins Pazmaneum, weil meine Tante und ihre Freundin – die meine Firmpatin war - dort gearbeitet haben. Zu dieser Zeit hat Robert dort gewohnt.

Robert: Ich war gerade in dieser Zeit, wo Rita ins Pazmaneum kam, in Ungarn zu Besuch. Fünf Tage vor ihrer Abreise bin ich aber zurück nach Wien gekommen - diese fünf Tage waren entscheidend. (lacht)

Rita: Mein erster Eindruck von Schönstatt war über Schwester Aquila. In ihrem Wohnzimmer im Pazmaneum hing das MTA Bild, achteckig, ziemlich groß. Als wir das erste Mal hinein gegangen sind, hat sie mich gefragt: „Wie gefällt dir das Bild?" Der erste Eindruck war für mich nicht so sympathisch und anziehend. Aber wie ich dann die Leute - die Frauen von Schönstatt, die Mütter - mit der Zeit auch kennengelernt habe, ist es mir schön langsam sympathischer geworden. Ich habe durch die Atmosphäre wahrgenommen, dass es hier etwas Wichtiges und Edles gibt.
Robert und ich haben dann geheiratet. Die Hochzeit war in Ungarn bei meiner Familie, das war damals noch das kommunistische Ungarn. Danach kam ich endgültig nach Wien. Es war nicht ganz einfach, dass ich nach Österreich auswandern konnte.

Robert: Schönstatt hatte in Wien bereits existiert, und zwar auch unabhängig von uns. Da gab es in der Zwischenkriegszeit Pallottiner Patres, sie haben in der Mädchenjungend wirken können, eine Anzahl von Mädchen – vielleicht zwei oder auch mehr – sind zu den Marienschwestern gegangen, und eine größere Anzahl zu den Frauen von Schönstatt. Wir haben dann die Wienerinnen unter den Frauen von Schönstatt kennengelernt. Wir haben mit dem Janos auf der Knödelhütte – einem großen Grundstück in Hütteldorf, im 14. Wiener Bezirk - einen Bildstock errichtet. Das Grundstück gehörte der Caritas, und Schwester Aquila hat bei der Caritas gearbeitet, durch sie ist uns das bekannt geworden. Da haben wir also einen Bildstock errichtet, und sind am 18. des Monats, am Bündnistag, regelmäßig hinausgegangen und haben das Fest begangen.

Rita: Diese Zusammenkünfte, Bündnisandachten und hie und da eine heilige Messe, das war meine Anfangszeit, was Schönstatt betrifft. Dann sind wir 1967 zu unserer ersten Familientagung auf die Liebfrauenhöhe nach Deutschland gefahren. Da waren wir zu zweit, hatten noch keine Kinder, und dort habe ich diese Atmosphäre auch wahrgenommen, die Kapelle, die Personen, auch das Äußerliche, dass es schön gestaltet war, das war anziehend. Und irgendwie habe ich das Gespür, das Gefühl gehabt, dass das echt ist, nicht gekünstelt, sondern echt und ernst, und das war mir sehr sympathisch.

Robert: Unmittelbar nach der Tagung sind wir dann nach Schönstatt gefahren. Wir sind mit dem eigenen Auto unterwegs gewesen, auf dem Weg ist es allerdings kaputt gegangen, wir sind gerade noch in eine Werkstätte in Karlsruhe hineingekommen. Dann haben wir mitgenommen, was unbedingt nötig war, sind auf die Autobahn gegangen und den Rest des Weges per Autostopp gefahren.

Rita: Robert wollte mir, seiner jungen Frau, den Ort zeigen, der für ihn schon so wichtig war. Ich durfte aber nicht nur den Ort kennenlernen - wir erfuhren, dass der Gründer Pater Kentenich gerade selber in Schönstatt war, das hatten wir nicht gewusst! Wir fanden heraus, dass er eine Heilige Messe für einen kleinen Kreis von Menschen auf dem Berg Schönstatt im Heiligtum feierte. Wir sind gleich hinauf, wollten uns aber nicht hineindrängen, sondern sind hinten beim Eingang des Heiligtums stehen geblieben. Wie er dann herauskam, nach der Heiligen Messe, da hat er uns so abseits bemerkt und ist zu uns hingekommen. Er hat uns begrüßt, die Hand gegeben und einen Satz gesagt: „Machen Sie sich gegenseitig glücklich!“, und dann ist er in die Sakristei gegangen. Jemand hat ein Foto von dieser Begegnung gemacht, wir haben es gar nicht bemerkt, sondern nachher zugeschickt bekommen. - Aber ihr wollt ja etwas über Pater Beller wissen, und das war nicht Pater Beller, sondern Pater Kentenich. (alle lachen)

Ward ihr die erste Schönstattfamilie in Österreich?
Rita: Ich glaube, das kann man schon sagen. Und in der ersten Familienrunde waren wir mit Familie Mesli, Familie Mitter, Familie Gamper und noch einem Ehepaar, die sind dann aber nicht mehr gekommen.

Bei euch ist der Gedanke entstanden, wieder zurück nach Ungarn zu gehen - wann war das?
Robert: Bevor ich überhaupt von Ungarn weggegangen bin, habe ich mir – und auch meiner Umgebung in der Familie und Schule - gesagt: „Ich komme wieder zurück!“ Anfang 1957, zwei Monate nachdem ich nach Österreich gekommen bin, habe ich mir gesagt: „Du hast deine Heimat verlassen, das solltest du doch nicht, geh wieder zurück.“ Ich habe mich gemeldet, dass ich wieder nach Ungarn will. Es war alles geregelt, vorbereitet und gepackt, und es hieß, der Wagen steht vor dem Haus. Da kommt ein Mitschüler und sagt: „Geh doch in die Kanzlei, du hast Post bekommen.“ Das war die erste Post aus Ungarn seit meiner Flucht nach Österreich. Ein Brief und zwei Karten waren es – von meiner Tante, von den Klassenkameraden und den Klassenkameradinnen - und in

allen dreien stand drinnen: „Dass du ja nicht zurückkommst!“ Nicht weil ich geflüchtet bin, haben sie mich gewarnt, sondern weil ich bei der Revolution aktiv gewesen war. Daraufhin bin ich freiwillig in Österreich geblieben.
In den Jahren darauf reisten immer wieder Bekannte aus Ungarn - oder mittelbar Bekannte - nach Wien, meist um einzukaufen, und haben uns besucht. Wir haben sie willkommen geheißen und irgendeine Liebenswürdigkeit erwiesen, da hat jemand aus Dankbarkeit eine Zeitschrift für uns bestellt, eine Monatszeitschrift, mit dem Titel: „Wirklichkeit“ (Valóság), monatlich kam sie, und ich las da drinnen und nahm wahr, dass sich da ein anderer Ton ausdrückte, als ich von früher her gewohnt war - viel freier, nicht wie unter Zwang. Das hat mich berührt. Ich spürte, dass da in Ungarn etwas geistig in Gange ist, was für mich wichtig ist - und ich bin nicht mit dabei.

Rita: Da ist er unruhig geworden.

Das war zu einer Zeit, da hattet ihr schon alle Kinder?
Rita: Anna noch nicht. Ich habe Roberts Unruhe wahrgenommen und Sorge gehabt und Angst. Wir haben in Österreich alles so schön gehabt: geistig, menschlich und finanziell, und es ist den Kinder auch gut gegangen. Wir sind gerade von Wien nach Strasshof übersiedelt, in ein kleines Haus. Aber nach zwei, drei Jahren ist diese Unruhe in Robert wieder gekommen. Und ich habe gerungen: „Ist das jetzt eine menschliche Ebene, oder ist das jetzt der Wille Gottes?“ Das war für mich wichtig, darauf zu kommen. Weil wenn Er das war, dann weiß ich, auch wenn ich Sorge habe, dann muss das geschehen. Ich war richtig aufgeregt. Mit der Zeit bin ich dann so weit gekommen, dass ich gedacht habe: „Wenn wir wirklich übersiedeln, dann würde die Gottesmutter im Hausheiligtum auch mit übersiedeln - das wird schon, wir sind in Sicherheit.“

Robert: Wir hatten ein wichtiges Gespräch mit Pater Beller am Kahlenberg. Und seine Reaktion auf die Frage einer eventuellen Heimkehr war: „Es könnte im Plane sein.“

Rita: Und er hat gesagt: Wenn wir uns dafür entscheiden, dass wir nach Ungarn übersiedeln, verspricht er, dass er uns jedes Jahr einmal besucht. Das war auf meine Sorge hin, wir gehen seelisch unter – in Österreich sind wir so gut versorgt, und jetzt gehen wir ins Unbekannte, es tut sich wahrscheinlich dort nichts in der Pfarre, also die Sorge war, dass wir da seelisch und geistig verkommen. Und er hat versprochen, dass er uns einmal im Jahr besucht. Dann haben Robert und ich die Entscheidung gemeinsam getroffen – d.h. ich habe mich angeschlossen. Zwei Jahre lang haben wir dann gebraucht, bis wir den Platz ausgesucht und die weiteren notwendigen Vorbereitungen getroffen haben.

Robert: Warum Óbudavár, warum dieser Ort, diese Gegend in Ungarn? Es liegt zwischen ihrer Heimat und meiner Heimat, in der Mitte, und es sollte auch eine schöne Gegend sein, wenn uns Freunde wie Gampers aus Österreich besuchen. Deshalb war die Balaton-Nähe gut. Wir haben angefangen Zeitungsinserate zu studieren. Wir haben ein paar entsprechende Inserate gefunden, sind hingefahren und haben uns schließlich für das Häuschen in Óbudavár entschieden.

Waren manche entsetzt, dass ihr nach Ungarn gehen wolltet – was für Reaktionen gab es?
(beide zeigen: „plem, plem“ und lachen)

Rita: Mehrere solche Reaktionen haben wir gehabt. Die meisten Leute waren entsetzt.

Robert: An der ungarischen Grenze, wo wir ausgereist sind, hat der Mann von einer von Ritas Cousinen gearbeitet. Deswegen sind wir durch diese Grenze gekommen, der hat halt seinen Kameraden gesagt: „Jetzt kommt meine Cousine.“ Wir kamen als Übersiedler, und zwei Grenzwächter oder Zöllner haben zu mir gesagt, ich soll doch mit ihnen mitkommen. In einiger Entfernung haben sie mich gefragt: „Sagen Sie uns doch, warum Sie nach Ungarn zurück kommen?“ Sie haben sich nicht vorstellen können, was es dafür eine Begründung überhaupt gibt. Und dann habe ich ihnen wahrheitsgemäß gesagt: „Weil wir unsere Heimat lieben.“ Solche „schönen Sprüche“ gab es damals sehr viele im kommunistischen Ungarn, sodass darauf einer von ihnen gesagt hat: „Ist schon gut – aber warum wirklich?“ Das konnte er nicht glauben, dass jemand einfach heimkehrt aus der westlichen Welt.

Habt ihr damals schon überlegt, Schönstatt mitzunehmen - also in Ungarn zu beginnen, Schönstatt aufzubauen?
Rita: Gar keine Spur (alle lachen).

Robert: Das war nicht eine Überlegensfunktion, sondern eine Seinsfunktion.

Rita: Ich habe mich vorhin auf das Hausheiligtum berufen, das mir in der Seele ein Sicherheitsgefühl gab: Die Gottesmutter geht mit, ist genauso dort im Hausheiligtum wie in Österreich.
Dann ist Pater Tick hierher gekommen und hat eine heilige Messe gefeiert - wir in unserem neuen Haus - und hat dann das Hausheiligtum hier auch eingeweiht, Ferry und Traude haben ihn hergebracht. Nur so viel war von Schönstatt, und das Versprechen von Pater Beller, einmal im Jahr zu kommen, das war alles. Und der Kontakt nach Österreich, wir sind im Sommer zur Tagung nach Österreich gefahren, jedes Jahr, wenn es ging.

Robert: Höchstens zweimal im Jahr durfte jemand damals aus Ungarn ausreisen und auch das war nicht ganz so einfach. Beim zweiten Mal, glaube ich, wie wir zur Tagung fahren wollten, kam die Ablehnung mit der Begründung, dass „die allgemeine Ordnung im Land dadurch gestört wird“. Daraufhin habe ich Einspruch erhoben mit der Begründung: „Weil die allgemeine Ordnung im Land nicht gestört wird.“ Die selben Worte habe ich gebraucht, nur mit dem „nicht“ davor.

Wie war so eine Tagung mit Pater Beller in Österreich für euch?
Rita: Sehr lebensnah, wichtige Wegweisungen, und das Leben war lebendig, man war immer gespannt, was als nächstes kommt. Wir haben auftanken können auf jeder Ebene – geistig, seelisch, menschlich, ich kann nicht trennen zwischen Pater Beller und den anwesenden Personen, das war eine Einheit, alles zusammen, es war richtig wertvoll.

Ist er dann wirklich jedes Jahr zu Besuch gekommen?
Rita: Ja. Weil er uns das versprochen hat, ist er in unsere Familie gekommen und hat ein paar Tage hier verbracht. Er war ganz anspruchslos – wegen unserer fünf Kinder und dem kleinen Haus konnten wir ihm nichts Besonderes anbieten. Aber er war sehr anspruchslos und hat gesagt: „Keine Sorge, ich brauche nur ein Bett." Er ist gekommen, hat uns beobachtet und wahrgenommen, wie es seine Art ist: Wie geht es uns, wie steht es mit diesen Leuten, was ist hier los?
Er hat uns auch eine Empfehlung gegeben, er hat das richtig wahrgenommen und hat uns gesagt: „Wenn jemand an einem neuen Platz anfängt, dann braucht man, um überhaupt anzukommen, zwei Jahre". Er hat die Meinung ausgesprochen: „Nichts tun - ankommen!" Das Haus, den Hof, den Garten, die Nachbarschaft - spüren, wo wir sind und was da los ist, und nichts unternehmen. Es ging ihm darum, dass wir Wurzeln fassen.

Dann habt ihr Familien kennengelernt und zu euch eingeladen?
Rita: Ja. Wir haben in Veszprém, unserer Komitats-Stadt, eine junge Familie kennengelernt und uns mit ihr angefreundet. Sie waren an einem Herbst-Wochenende bei uns. Während wir Frauen in der Küche einige praktische Dinge überlegt und besprochen haben, hörten wir plötzlich einen großen Krach aus Richtung Speisekammer. Der Anblick war fürchterlich: Glasscherben von Marmelade-, Kompott-,

Gurken- und Honiggläsern, Säfte die rinnen, Honig der pickt, die Wände bespritzt... ein Regal war zusammengebrochen! Meine spontane Reaktion: „Was will der liebe Gott damit sagen?“
Lange später hat uns die Frau erzählt, wie beeindruckend diese Reaktion war: Statt, Ärger, Panik oder Hysterie diese Frage: „Was will der liebe Gott damit sagen?“

Robert: Wir haben mit der Zeit mehrere Familien kennengelernt und dann beschlossen, uns regelmäßig zu treffen. Als Pater Beller uns im Jahr 1983 besucht hat, war so eine Zusammenkunft an einem Abend geplant. Wir haben Pater Beller gefragt, ob er sich ausruhen oder lieber mitkommen möchte – da hat er gesagt, er kommt mit. Dann haben wir die Familien gefragt, ob ihnen das recht ist – war ihnen recht, und dann sind wir zu dritt nach Veszprém zu dieser Familie gefahren. Und der Abend hat dann lange gedauert!

Rita: Die zwei jungen Paare – das eine hat noch kein Kind gehabt, die anderen ein Baby –, die waren innerlich so ausgehungert und haben so viele wichtige Fragen gestellt! Pater Beller hat die ersten Fragen auf seine Art so richtig gründlich und lebensnah beantwortet, dann kam die nächste Frage und die nächste, die zwei Paare waren ganz ausgehungert. Robert hat simultan übersetzt. Als es Mitternacht wurde, war er so müde vom Dolmetschen, dass er nicht weiter konnte – aber die Fragen waren noch nicht aus.

Robert: Dann sagte Pater Beller: „Wir wechseln die Pferde!“ (alle lachen)

Rita: Robert hat sich aufs Bett hingelegt, er war richtig erledigt, und ich kam dann dran, weil die Fragen nicht aufgehört haben, dann war ich die Dolmetscherin. Wie wir dann am Schluss zu dritt zurück nach Óbudavár gefahren sind, war Pater Beller auch sehr müde, richtig müde – am nächsten Tag noch hat man das an ihm wahrnehmen können, dass er sich so richtig eingesetzt und ein neues Milieu

aufgenommen hat. Das war der erste Anlass, wo er andere ungarische Leute beziehungsweise Ehepaare getroffen hat.
Nach diesem Abend hat Pater Beller gespürt, dass der liebe Gott ihn hier als Werkzeug gebrauchen will. Diese positive Reaktion war ein starkes Zeichen. Das Gesicht unserer Gastgeberin hat beim Abschied gestrahlt und sie sagte: „Ich fühle mich so glücklich, wie vielleicht noch nie im Leben!“ Die Freiheit, die Pater Beller bei seinem Antwortgeben so oft wiederholte, war für sie besonders wichtig und beglückend. Da ist seine Entscheidung gefallen: Er muss die ungarische Sprache lernen, das wäre komisch, wenn Kinder oder Jugendliche mit ihm sprechen wollen, und er kann nicht mit ihnen reden.
Jetzt spürt ihr wahrscheinlich auch, dass das Wort „Schönstatt aufbauen“ nicht so passt, weil das ist so wie ein Saatkorn – das wächst, dann kommt noch was dazu, das Leben entwickelt sich. Das passt nicht zu „aufbauen“ - sondern es entfaltet sich, so würde ich das ausdrücken, weil die nächsten Momente dann auch so waren. Es waren Wachstumsringe, oder so ähnlich.
Dann war die erste klassische Familientagung in Ungarn 1985 - mit fünf Familien. Der Kreis ist weitergewachsen, auch über die Jugendlichen. Pater Beller ist gebeten worden, einen Abend für Jugendliche zu halten, in der Stadt Keszthely. Da ist er mit Robert dann hingefahren zu Studenten und Studentinnen. Die jüngere Tochter des Hauses hat die Jugend zusammengeholt, Pater Beller hat einen Vortrag gehalten und Gespräche geführt. Diese Tochter ist später Maria Gamper geworden.

Wie habt ihr euch ergänzt mit Pater Beller, um dieses Wachstum zu begleiten? Was war euer Teil, was war sein Beitrag?
Robert: Das war unsererseits eine Dienst-Funktion, dass er arbeiten kann, wirken kann.

Rita: Wir waren der Hintergrund – Quartier geben, vom Bahnhof abholen. Wie der nächste Wachstumsring kam - wo Pater Beller von einer Familie eingeladen wurde - dann war

Robert sein Chauffeur und hat für ihn übersetzt. Gegen rein geselliges Beisammensein - wie geht es euch, ein bissi was naschen, auf dieser Ebene – hat er sich gewehrt. Oder Besichtigungen machen, das war für ihn vergeudete Zeit.
Das Herz, das Zentrum, die echte Wirklichkeit der Person, des Ehepaares, wie es um sie steht, was sie bräuchten - das stand für ihn im Mittelpunkt. Wie er z.B. das erste Mal zu uns gekommen ist, und hat wahrgenommen, wie es uns geht - da hat er uns dann die Unterweisung gegeben, wir sollten alle zwei Monate beichten gehen, wir bräuchten das. Er hat das wahrgenommen, dass das bei uns fehlt. Und das war ihm wichtig. Oder er hat unsere Kinder beobachtet und charakterisiert, wie sie sind, was bei wem Wirklichkeit ist und wie es ausschaut, wenn sie dann groß sind.
Wir haben gedolmetscht. Bei den Vorträgen war meist Robert neben ihm, und bei persönlichen Gesprächen – wenn Ehepaare bei ihm ein persönliches Gespräch gewünscht haben – hat er mich mitgenommen, weil das liegt mir mehr. Da habe ich auch vieles von ihm lernen können, wie er dieses Ehepaar oder diese Einzelperson wahrnimmt; das war natürlich intim, das durfte ich nicht weitersagen. Ich musste auch oft beim Vortrag übersetzen, und dann sah er jemanden, der kommt zur Tür herein, und da machte er eine Bemerkung - etwas, das er wahrnimmt bei der Person, die gerade herein kommt. Für mich waren diese Beobachtungen und Wahrnehmungen wichtig, wie er diese Person sieht und seine Ausstrahlung - und was bräuchten die, um sich zu entwickeln?

So wie Schönstatt in Ungarn dann gewachsen ist - was habt ihr da wahrgenommen, was für Pater Beller wichtig war?
Rita: Von Anfang an hat er uns, und später dann, wo es dann gewachsen ist - also das ungarische Schönstatt - bewusst und eindeutig abgeschirmt, dass wir uns originell entwickeln; wir sollten uns weder finanziell auf etwas von außen einlassen, noch irgend etwas kopieren („die machen das so“), sondern es soll originell ungarisch sein! Er hat geforscht, was die ungarische Art ist, die ungarische Seele ist, es war ihm nicht leicht, das zu erspüren. Er hat einmal

gesagt, hätte er vor Ungarn nicht Österreich als Station gehabt, er hätte Ungarn nicht geschafft. Also, die Mentalität war so - was in der ungarischen Seele steckt, das hat er richtig erforscht, das war harte Arbeit, auch physisch. Er war ja kein robuster Mensch, er hat viel investiert, war oft krank, musste einiges auf sich nehmen, dass er sich da fruchtbar macht – und das hat er auch gemacht.
Ich würde das so beschreiben: Natur und Übernatur wahrnehmen, am Puls sein – Pater Kentenich hatte sein Ohr am Herzen Gottes und die Hand am Puls der Zeit. Ein Spüren der Personen, der Menschen, der Wirklichkeit. Die Natur und Übernatur exakt und wahrheitstreu wahrnehmen und verbinden. Die Wirklichkeit der Personen richtig erspüren und ertasten, die zwei miteinander sehen.
Wie ein Röntgen konnte er sozusagen im Vorbeigehen etwas wahrnehmen. Ein klassisches Beispiel für diese Qualität: Es war unsere Einweihung vom Bildungshaus, oder jedenfalls ein größeres Fest in Óbudavár. Pater Beller war da, und aus Budapest kam ein junges Ehepaar, um an dem Fest teilzunehmen. Oben auf der Terrasse in der Pause kommt Pater Beller aus dem Vortragssaal heraus, und die Frau des Ehepaars trifft „zufällig" mit ihm zusammen. Und bei diesem Zusammentreffen hat Pater Beller zu dieser Frau in fünf oder maximal zehn Minuten etwas gesagt. Ich ging in der Nähe vorbei und erwischte so ein frohes Seufzen, wo sie sagt: „Ich bin doch nur deswegen hergekommen!" Nicht wegen dem Fest und den Leuten, sondern wegen diesem Gespräch war sie gekommen - und hat spontan das für ihre Person bekommen, was für sie wichtig war. Sie musste nichts organisieren, das hat sie als Geschenk bekommen. So ist er.

Róbert & Rita Gódány

Beruf: *Religionslehrer, Software-Entwickler, dann (in Ungarn) Landwirt, Kuh-Hirt, Mitarbeiter des Bischofs: EDV bzw. internationale Kontakte, Bürgermeister (Robert) und Hausfrau (Rita)* ***Familie:*** *Fünf Kinder, 23 Enkelkinder* ***Wohnort:*** *Óbudavár (Ungarn, Balatonoberland)* ***Gemeinschaft:*** *Schönstatt -Familienbund* ***Schönstatt-Engagement:*** *Langjährige Leitungsaufgaben (Schönstatt Bewegung Ungarn)*

Pater Beller hat viele Menschen reich beschenkt - zu seinem silbernen Priesterjubiläum wurde vieles aus ganzem Herzen zurückgeschenkt!

Große Forderungen und viel Freiheit

Gerald & Christine Karner

E*ure erste Begegnung mit Pater Beller - wann und wo war das?*
Christine: Auf einer Raststation in St. Pölten.

Gerald: 2002 haben wir geheiratet und haben im selben Jahr mit der FAB-Community angefangen, mit dem Online-Adventkalender. Unsere Begegnung mit Pater Beller muss 2003 gewesen sein, im Herbst, es war noch nicht kalt. Wir haben uns in St. Pölten auf der Raststation getroffen, wo ihr mit ihm da ward, und sind dann gemeinsam weiter nach Scheibbs gefahren.

Christine: Ich habe in Erinnerung: einen unscheinbaren

Mann in schwarzer Lederjacke. Er ist am Tisch gesessen, hat hinunter geschaut, ihr daneben.

Gerald: Dann habt ihr uns Pater Beller vorgestellt, er hat im Stehen ein paar Worte gesprochen.

Christine: Dann ist mir eingefallen: „Wir haben beim Einkaufen die Eier vergessen!“ Ich musste noch irgendwo Eier besorgen. Pater Beller hat gesagt: „Ich mache das.“

Gerald: Er ist irgendwo in der Küche der Raststation verschwunden, und in wenigen Minuten mit zehn Eiern zurückgekommen.

Christine: Hat gesagt, ich soll zahlen und: „Geben Sie ein saftiges Trinkgeld!“

Gerald: Das war die erste Begegnung, in Summe vielleicht zehn bis 15 Minuten. Unser Eindruck war: klein, gebückt, sehr waches Interesse an den Leuten, funkelnde Augen und ein bissl atypisch mit Lederjacke und schwarzem Hemd, irgendwie aus den Klischees herausgefallen. Wir haben aber vorher von ihm nicht so dramatisch viel gewusst.

Christine: Eigentlich gar nichts – nein, wir sind nachher draufgekommen, dass wir vor der Hochzeit schon ein Buch von ihm gelesen haben.

Gerald: „Wir gehören zusammen“ – das Buch mit dem unmöglichen Cover: ein Paar in der Wiese, er bärtig, Stil frühe 80er, Alter zehn Jahre älter als das Zielpublikum vom Buch (lacht). Aber sonst haben wir ihn von Erzählungen her eigentlich nicht gekannt.

Wie war dann das gemeinsame Wochenende in Scheibbs?
Christine: Ich weiß noch, dass wir ihm am ersten Abend erklären mussten, wie man FAB-Community ausspricht – und am nächsten Tag hat er uns erklärt, was das ist. (alle lachen)

Gerald: Er hat dort auch sein erstes SMS geschrieben, das haben wir ihm gezeigt, wie das geht. Und am zweiten Tag hat er uns also erklärt, wie Gemeinschaft funktioniert, wie man so eine Gemeinschaft aufbaut und was wichtig dabei ist.

Christine: Ich war auch beichten bei ihm an dem Wochenende, das war auch sehr berührend.

Gerald: Wir waren sehr begeistert nach dem Wochenende. Ab dann haben wir uns regelmäßig immer wieder mit ihm getroffen. Wir waren jung verheiratet, haben dann Akademie gemacht 2003 bis 2004, und dann hatten wir noch euch als Kontakt zu Schönstatt, aber das war's.

Ging das dann von euch aus, dass ihr Pater Beller getroffen habt?
Christine: Wir wollten mehr von Schönstatt wissen.

Gerald: Schönstatt war für uns eine sehr atypische katholische Bewegung. Weil bei allen anderen, wo du die Nase hineinsteckst und ein freundliches Wort sagst, wirst hinterher zu 100 Veranstaltungen eingeladen und hast den Eindruck, jetzt wirst du „inhaliert" von der Gemeinschaft. Und da war es genau umgekehrt. Es war sehr schwer, mehr darüber zu erfahren – und nur Bücher lesen ist auch fad.
Dann haben wir die Pater Beller Runde ins Leben gerufen. Die Bankhofers kannten wir von der Akademie, die Federers privat, die Biebers waren dabei und ihr immer wieder. Alle sechs bis acht Wochen haben wir uns mit ihm getroffen und wollten eigentlich mehr über Schönstatt erfahren. Wir wollten eine Einführung in Schönstatt und worum es hier geht. Und nachdem er Pater Kentenich kannte, ob er uns ein bissl was von ihm erzählt.
Bei den Pater Beller Runden war das so, das ist von ihm gekommen, dass jeder einmal sagt, was ihn so beschäftigt, und er hat im Prinzip jedem eine Antwort auf seine Situation gegeben. Nach der dritten oder vierten

Runde haben wir gemeint, das ist eh super, weil die Antworten einfach gut waren, und sich jeder viel mitgenommen und viel gelernt hat, aber wir wollten eigentlich von Schönstatt was erfahren! Dann hat er gemeint, er macht ja nichts anderes, als uns Schönstatt zu erzählen. Aber wenn wir das noch nicht „geschnallt" haben, dann sagt er in Zukunft immer den Vers aus Himmelwärts dazu, den er gerade in die Antwort verpackt hat – und das hat er dann auch gemacht.

Christine: Er hat Himmelwärts aufgeschlagen und gesagt, worüber er heute geredet hat. Er hat gesagt, Schönstatt muss immer so nah am Leben sein wie ein Flugzeug, das ganz knapp über dem Boden fliegt.

Wie ist man von so einem Treffen weggegangen, nach so einer Pater Beller Runde?
Christine: Ich war sehr zufrieden, weil das waren Antworten auf Dinge, die uns gerade beschäftigt haben, entweder partnerschaftliche oder Erziehungsthemen.

Gerald: Oder Herkunftsfamilie, da gab es einiges Konfliktpotential, in der Richtung hat er uns auch bestärkt. Die Antworten haben gesessen, ohne dass er jetzt sehr konkret...

Christine: Schon konkret! Eine Familie hat ihn gefragt, wie man mit einem Kind umgeht, das herumhaut oder trotzig ist, und er hat schon konkret Tipps gegeben.

Gerald: Aber nicht nur - es war jetzt kein Kochrezept, er hat auch immer die Haltungen gesagt: Worum es geht in der Beziehung zum Kind? Dass es in der Erziehung gilt, Leben zu wecken und Leben zu zeugen. Er hat diese Grundprinzipien von Pater Kentenich und Schönstatt schon zuerst gebracht, und dann die konkreten Tipps. Meistens hat er übergeleitet mit seinen typischen Phrasen: „Vorsicht, jetzt senkt der Stier die Hörner!" Oder: „Wollen Sie nicht mal überlegen ob...", das hieß: „Das macht!"

War er anders als andere Priester?
Gerald: Es war die praktische Lebenserfahrung und die Erziehungserfahrung, die ihn sehr unterschieden hat.

Christine: Und auch, dass er sich so zur Verfügung gestellt hat – das habe ich selten wo erlebt, dass jemand sagt: „Ja, machen wir! Bringen Sie Leute mit und wir treffen uns."

Gerald: Der große Unterschied bei ihm war, dass er Erfahrung mit den Problemen von Eheleuten hatte, egal welches Alter. Dass er über Praxis gesprochen hat und nicht über Theorie im Sinne von: „Du musst jetzt beten und dann wird sich zeigen, ob Gott dir einen Weg zeigt." Sondern er war selber der, durch den Gott gesprochen hat.

Christine: Und ich hatte das Gefühl, dass er immer Zeit hat, wenn man etwas wollte oder gebraucht hat.

Gerald: Und er hat sich auf jeden sehr individuell eingestellt. Nachher wusste er manchmal nicht mehr, was er gesagt hat – zuerst haben wir gedacht, das ist ein rhetorischer Trick. Aber er wusste es wirklich nicht, schon gar nicht beim nächsten Mal. Er war irrsinnig präsent in der Situation, dann war die Situation vorbei, und er war beim nächsten. Und am Ende von so einem Treffen hat er dann oft erstaunt gesagt: „Das habe ich gesagt?"

Christine: Wenn wir uns zu zweit mit ihm getroffen haben, hat er eigentlich immer gesagt, was am anderen schön ist – er hat immer den Partner groß gesehen, sodass man selber den Partner dann auch immer groß gesehen hat. Eigentlich ist man glücklicher weggegangen, als man vorher war – ah ja, der Partner ist ja wirklich so toll, das kann er ja wirklich gut, sie ist wirklich hübsch. (beide lachen) Oder: „Kaufen Sie Ihrer Frau Schmuck!"

Gerald: Er hat einfach vorgelebt, dass Schönstatt - nicht nur der christliche oder katholische Glauben, sondern in Schön-

Wachstumsprinzip 12: Werden was ich bin

Mein Persönliches Ideal

„Sei was du bist! Sei es in bestmöglicher Form.“ Pater Kentenich geht von einer ganzheitlichen Sicht des Menschen und des Lebens aus. Alles Lebendige wächst und entfaltet sich eigenständig. Jeder Mensch lebt und entfaltet sich aus der eigenen Mitte. Deswegen kann man Wachstum von außen nicht „machen“ oder erzwingen. Aber man kann Menschen dabei begleiten, dieses individuell erkannte Wachstumsziel zu finden, zu entfalten und selbständig daraus zu leben.

Wie bin ich? Und wie möchte ich sein, in bestmöglicher Form? Das gilt für den Einzelnen im Persönlichen Ideal. Und das gilt für die Gemeinschaft, zu der ich gehöre – als Ehe-Ideal, das Gemeinschaftsideal. Das Große wofür es uns, und wofür es mich gibt.

„Wie ich euch kennengelernt habe, ward ihr Junghüpfer“, sagt Pater Beller einem Ehepaar, „und jetzt habe ich das Gefühl, dass ihr gereift seid.“ Wenn ein Ehepaar ihr Ehe-Ideal findet und darauf hin wächst, ihre Berufung, ihr großes Wofür – dann ist das ein starker Motor. Wachstum hat dann eine gemeinsame Richtung.

Mein Persönliches Ideal ist im Verständnis Pater Kentenichs „gottgeschenkt und freigewählt“. Gottgeschenkt meint: Da ist etwas drinnen, das mir persönlich gilt – ich muss es nicht erfinden, sondern ich kann es finden. Freigewählt meint, es ist aber kein Automatismus, sondern ich entscheide mich dafür, ich erwähle es, so wird es „Meines“.

Das ist Kirche von morgen, das ist Gesellschaft von morgen: Wo Menschen nicht auf „Gesetze“ reagieren, nicht von außen gesteuert sind, sondern wo Menschen nach ihrem Ideal streben, wo also die Zielgestalt innen angelegt ist.

statt-Ausprägung sozusagen - echte Antworten auf den Alltag und die Herausforderungen im Leben gibt. Nicht nur prinzipielle Anleitungen und mögliche Wege, sondern ganz konkrete Antworten. Wie wir dann später Podcasts mit Pater Beller gemacht haben, wollten wir einen Podcast über Pater Kentenich machen. Pater Beller hat uns gesagt, dass er Pater Kentenich sehr wohl persönlich getroffen hat, dass er ihn aber eigentlich durch das Studium seiner Schriften kennengelernt hat - zwei Semester lang, jeden Tag mehrere Stunden. Und wir können genauso Pater Kentenich kennenlernen: durch gemeinsames Studieren und Antworten für unser Leben bekommen.

Christine: Und er hat gesagt: Das Virtuelle Heiligtum ist unsere Berufung als Ehepaar! Das ist unser Apostolat, wir sollen das machen – und nur das und nichts anderes. Dafür gibt es uns. Und wenn er was gesagt hat, dann war das so. „Nach meiner unmaßgeblichen, aber richtigen Meinung" hat er immer gesagt. (lacht)

Gerald: Und man hatte den Eindruck, er ist einer, der sehr klar hinter die Kulissen sieht, auch wenn er es nur manchmal hat hervorblitzen lassen. Aber er hat gewusst, welche Kämpfe zwischen Gut und Böse, zwischen Himmel und Hölle sich abspielen. Er hat durch die Dinge und Menschen, und was sich in der Welt tut und was sich im Kleinen tut - im Mikrokosmos, Arbeitsplatz, Familie usw. - einfach auf die dahinterliegende Wirklichkeit, die Übernatur, durchgesehen. Wenn er über seine Lieblingsheiligen erzählt hat, da hat man gemerkt, das ist für ihn eine Realität, mit der lebt er, wie mit einer Kaffeemaschine oder einer Schwester, die im Haus herumgeht. Das war für ihn genauso selbstverständlich und Lebensrealität.

Pater Beller hat euch beim Projekt Virtuelles Heiligtum begleitet, wie ist das entstanden?
Gerald: Ganz am Anfang waren Richard und ich beim Akakiko im Gerngroß Sushi essen. Da ist die Idee

aufgekommen mit dem Virtuellen Krug – bis dato gab es bei der FAB-Community nur das Forum, da konnte man etwas in den Krug schenken. Zuerst ist alle paar Tage eine Kruggabe gekommen, aber es wurde mehr, bald kam eine pro Tag. Dann gab es den Michael Huber, mit dem wir uns treffen wollten – aber da, wo wir uns treffen wollten, war sein Begräbnis! Er ist sehr plötzlich verstorben. Und das war eines der ersten Male, wo wir für ihn und seine Familie Kruggaben gesammelt haben, die wir dann seiner Frau übergeben haben beim Begräbnis. Das war so die Anfangszeit mit dem Krug. Dann ist der Krug immer stärker geworden, und wir waren eigentlich enttäuscht – weil die Idee von der FAB-Community war, dass sich Leute über Artikel in der FAB austauschen und mit eigenen Lebenserfahrungen anreichern - aber das ist nicht so gegangen, sondern der Krug ist immer stärker geworden.
Dann ist in den Pater Beller Runden irgendwann die Frage aufgekommen: „Was machen wir jetzt damit?“ Analog zum Hausheiligtum, wo es heißt: „Nehmen Sie das Bild der Gottesmutter, geben Sie ihm einen Ehrenplatz in den Wohnungen, und es wird heiliges Familienland schaffen,“ haben wir zu überlegen angefangen: „Was würde das denn für das Internet bedeuten? Wenn das mit dem Krug so geht - was ist dann ein Ehrenplatz für die Gottesmutter im Internet?“

Christine: 2004 waren wir mit Pater Beller im Waldviertel, ein paar Tage in Traunstein, ich weiß gar nicht wie das zustande kam – haben wir gesagt, oder hat er gesagt?

Gerald: Von wem das ausgegangen ist, weiß ich gar nicht – es hat sich einfach entwickelt, und dann haben wir eine Tagung mit ihm gemacht, waren in einer ganz schönen modernen Ferienwohnung, richtig schön, da waren wir drei Tage mit ihm.

Wie war das mit ihm unter einem Dach, so eine Tagung zu halten?
Gerald: Wir haben gemeinsam gegessen, Pater Kentenich

studiert, er hat uns Vorträge gehalten, wir haben Messe gefeiert. Immer ausgehend von dem, was uns bewegt, und wo die Gedanken FAB-Community und Virtuelles Heiligtum sich entwickelt haben. Das waren die Zeiten, wo Christine grad aus dem Beruf raus ist, und ich meine ersten Schritte und Firmenwechsel gemacht habe, auch das war immer wieder Thema.

Christine: Unser Freundeskreis hat ihn interessiert, welche Freunde wir haben, was uns da verbindet.

Hat er euch auch gefordert oder herausgefordert?
Christine: Eher im persönlichen Wachstum, dass wir eine GTO machen, also Geistliche Tagesordnung.

Gerald: Er hat schon immer wieder gefordert. Wenn er gesagt hat: „Das musste bringen!“, das waren Sachen, wo er von der Persönlichkeit viel gefordert hat.

Christine: Auch dass sich Gerald beruflich richtig reinhängen soll: „Das musste bringen!“ (lacht). Und ich muss den Gerald stützen, das ist meine Aufgabe, ich trage ihn mit.

Gerald: Er hat Sachen sehr klar angesprochen und konkrete Tipps gegeben, aber was du dann gemacht hast, war noch immer deine persönliche Entscheidung, er hat es nicht vorgegeben. Das nächste Mal musste man nicht berichten, wie oft man das gemacht hast und warum man es dreimal nicht gemacht hast – diese Komponente war nicht da. Es war immer alles in persönlicher Freiheit, und was wir damit machen, ist unsere persönliche Sache.

Christine: Er hat gesagt, wie er das sieht – so ist das rübergekommen –, aber man hat sich auch gefordert gefühlt.

Gerald: Er hat nicht gefordert im Sinne von: „Das machst du jetzt, auch wenn du es nicht verstehst.“ Sondern sein Anliegen war, dass wir das aus eigenem Antrieb machen, und welches Ideal dahintersteckt oder welche Haltung. Und das ist vielleicht anders als bei anderen Bewegungen – wo es eine ganz klare GTO gibt, und die ratterst du durch und wenn nicht, musst du sagen warum. Das war nicht der Fall, das war kein System, sondern Eigenmotivation.

Christine: Vielleicht, weil er zuerst eine persönliche Beziehung aufgebaut hat? Oder auch so hineinschauen konnte in einen? Er hat einfach ein paar Worte mit dir geredet, und dann wusste er, was du brauchst – so ungefähr. (lacht)

Wenn ihr zurückschaut – wo habt ihr profitiert?
Gerald: Wo nicht?! (alle lachen) Also sicher die Beziehung zueinander, das war ein ganz großes Themengebiet, das war ihm auch immer das Wichtigste. Später, wenn wir uns getroffen haben zu einem Virtuellen Heiligtum-Treffen – mindestens einmal im Jahr haben wir uns für ein paar Tage mit ihm getroffen – da war es manchmal einfach nur, dass er gekommen ist und gesagt hat: „Wir machen jetzt gar nichts, wir verbringen einfach nur eine schöne Zeit miteinander. Und wie geht es euch? Alles andere lassen wir jetzt einmal liegen." Das war die Basis – wenn die nicht steht, dann brauchen wir über den Rest nicht reden. Und ganz stark war auch immer das Thema Beruf.

Was hast du denn aufnehmen können von Pater Beller bzw. von Schönstatt für das Berufsleben?
Gerald: Für Tille war das Ideal: „Arbeit ist Teilhabe an der schöpferischen und sich verschenkenden Tätigkeit Gottes." Auf das hat er alles aufgebaut, und aus dem alles abgeleitet, das war der Grundpfeiler. Deshalb ist Arbeit gut, und deshalb soll man arbeiten. Ganz wichtiges Prinzip war auch: Wir überlassen die Arbeit und die Qualitätsarbeit und die Leitungsarbeit nicht anderen – wer die Möglichkeit dazu hat, soll es auch machen.
Da war er kompromisslos. Was die Arbeit anbelangt - sich da reinhängen -, das war hochgradig kompromisslos. Nicht:

„Such dir einen Job, wo du um vier heimkommst und genieße die Zeit mit der Familie,“ das wäre ihm nicht über die Lippen gekommen. Zumindest nicht in den Gesprächen, die wir mit ihm geführt haben - das Thema war absolut klar. Ganz wichtiges Prinzip war auch: Die Zeit in der Familie – da zählt nicht die Quantität, sondern die Qualität. Sein Vater musste da oft als Beispiel herhalten, er war in Kriegsgefangenschaft und konnte nur alle ein bis zwei Monate eine Postkarte schreiben. Aber er war präsent, weil ihn seine Mutter präsent gehalten hat in der Familie, das war ein ganz wichtiges PrinziPater Dann, dass man gemeinsam auch die beruflichen Tätigkeiten von- und miteinander trägt. D.h. dass der Ehepartner auch weiß, was man so macht im Beruf, im Groben. Und vice versa.

Für dich Christine – war da Inspiration für deinen Beruf?
Christine: Dass ich zwischen den Patienten immer wieder eine Pause machen soll, mich mit Gott verbinden soll.

Und ist das in der Praxis möglich?
Christine: Ja, ich kann die Türe zumachen, bevor der nächste kommt – „ich brauche noch eine Minute“ - und dann mache ich ein Stoßgebet, und dann lasse ich den nächsten herein.

Gerald: Das war ihm auch immer wichtig: zwischendurch vorm Telefonabheben kurz mit Gott verbinden oder Stoßgebet oder Luftholen.

Christine: Er hat auch gesagt, der Gerald soll mich zwischendurch anrufen. Also, dass wir die Verbindung zueinander nicht verlieren, darauf hat er auch immer geschaut. Und er hat gesagt, ich bin verantwortlich, dass er rechtzeitig ins Bett kommt, weil der Gerald kann das nicht (Gerald: Genau!), sodass er sieben Stunden schlafen kann. Er hat gewusst, dass in Gerald Potential steckt und das muss man herausholen, das Gefühl habe ich gehabt. Und mir hat er das Gefühl gegeben, dass ich einen wesentlichen Beitrag dazu leiste; dass der Gerald das nicht schafft ohne mich.

Gerald: Aber es ist nicht nur um mich gegangen, er hat immer ganz klar auch umrissen, dass du eine bist, die irrsinnig gut auf Menschen eingehen kannst, dass du einfach so auf andere wirkst, dass es denen gut geht nachher – auch von der therapeutischen Wirkung und Behandlung, dass du da die Kraft hast, viele mitzutragen. Einerseits in der Familie die Kinder, andererseits auch deine Patienten – das war der sich verschenkende Typ, den er in dir ganz klar gesehen hat. Also sich verschenkende Tätigkeit Gottes.

Christine: Er hat uns immer groß gesehen.

Gerald: Ja!

Ihr habt vorhin gesagt: „Da hat Gott durch Pater Beller gesprochen." Hat man bei ihm etwas davon erfahren können, wie Gott wirkt?

Gerald: Mein Eindruck, ohne dass ich das jetzt an einem Wort festmachen kann: Gott wirkt, Gott wirkt hochgradig aktiv, die Welt ist ihm nicht egal, er mischt sich ein, er lässt den Menschen freien Willen, aber er spricht wirklich zu uns, durch die Dinge, die Erlebnisse, durch all das, was man am Abend reflektieren kann, was der Tag gebracht hat. Er spricht zu uns, er hat einen Plan für unser Leben.

Bei ihm hatte alles sehr viel Aktivität. Der Himmel muss die reine Actionzone sein, und er freut sich schon, wenn er dann all die Heiligen treffen kann, und mit wem er da reden wird, und wie das zugeht wenn der Erzengel Gabriel usw. Und Gott in der Mitte – ein extrem aktiver und sehr persönlicher Gott. Es war nicht das große unnahbare Wesen, sondern ein sehr persönliches und aktives Gottesbild.

Er hatte einen Kampfhubschrauber, einen Militärhubschrauber in seinem Zimmer hängen – das war sein Bild für die wilde Einsatztruppe, die hinter feindlichen Linien abgesetzt wird vom Hubschrauber. Die machen ihren Einsatz - und dann wieder rauf und wieder raus. Das war sein Bild vom Mitarbeiter: Nicht in Reih und Glied in der Panzerdivision irgendwo schwer bewaffnet einmarschieren, sondern abgesetzt werden, seinen Einsatz machen und wieder abziehen. Er hat gesagt, wir sind diese Typen – und ich glaube das sind wir auch -, diese Projekttypen und nicht so die Gemeinschaftstypen. Auch wenn Gemeinschaft schön ist, aber Kämpfer sein - voll rein und wieder etwas anderes machen. Und was mir gefallen hat: Er hatte das Ideal für sich sichtlich auch, das war ja kein Geheimnis.

Christine: Ich habe viel über die Gottesmutter aufgenommen – immer wieder durchgekommen ist das. Beim Virtuellen Heiligtum hat er immer wieder gesagt: Die Gottesmutter ist eine Frau, und die will gesehen werden - ein Bild von ihr muss sein.

Gerald: Und sie will, dass man sich zu ihr bekennt und zu ihr steht, sie war einfach seine Königin!

Christine: Und dass es Gnadenkapital braucht.

Gerald: Der Krug musste von ihm oder mit ihm erfunden werden (lacht), das war so ein Ausdruck, diese Zweieinheit von Jesus und Maria, die gemeinsam am Erlösungswerk wirken, in unterschiedlicher Art und in unterschiedlichem Sinn - Gott und Mensch, in untrennbarer Liebe miteinander verbunden. Das hat er gelebt, das war Lebensprogramm für ihn. Deshalb ist ja auch der Krug für mich ein ganz großer Ausdruck seiner Spiritualität. Und dass die Gottesmutter immer nur zu Jesus und Gott hinführen kann, das war immer so natürlich bei ihm, dass da jetzt ein Mensch vergöttert wird, diese Befürchtungen sind einem einfach nicht in den Sinn gekommen, wenn man ihn erlebt hat.

Wie war Pater Beller für euch – in drei Eigenschaftswörtern?
Christine: Die Seele berührend, würde ich einmal sagen. Er hat uns immer groß gesehen. Und er war wie ein Fels in der Brandung. Als wir ihn in München besucht haben, hat er gesagt: Wie wir uns das erste Mal begegnet sind, waren wir

„Junghüpfer“ (lacht) - und jetzt hat er das Gefühl, dass wir gereift sind.

Gerald: Am Anfang, bei der Pater Beller Runde, hat er gesagt: „Ihr könnt euch auf schönstättisch noch nicht einmal ordentlich die Nase putzen!“ Das hat sich sehr verändert. Und was auch ganz wesentlich die Beziehung zu ihm auszeichnet: Es war egal, wieviel Zeit dazwischen war, ob das ein halbes Jahr war oder ein Jahr oder eineinhalb Jahre, wo wir uns dazwischen nicht gesehen haben. Wir haben dazwischen auch nie telefoniert, ganz selten - aber das hat von den persönlichen Begegnungen gereicht. Einmal ein halber Tag oder ein Tag oder drei Tage, wenn es viel war - und man hat dort fortgesetzt, wo man war. Das war eine Qualität der Beziehung, die nur mit den engsten Freunden im Leben funktioniert.

Christine: Er hat sich auch etwas kosten lassen – hat gesagt: „Gottesmutter schick mir was, fürs Virtuelle Heiligtum, für uns persönlich.“ Er hat sich auch nichts geschenkt. Wir sind Stunden zusammen gesessen, er hat Frage und Antwort gestanden, ich glaube, dass ihn das körperlich schon hergenommen hat.

Gerald: Aber er hat sich in keiner Weise geschont. Und er hat uns auch ganz klar gesagt: „Wenn er im Himmel ist, wird er sich um uns und das Virtuelle Heiligtum kümmern!“ Das hat er gesagt. Und der Nachsatz war: „Aber es wird nicht immer angenehm.“ Das ist auch, was er uns ganz klar mitgegeben und vermittelt hat: Wenn sich wo im Bereich der Gnade was tut, dann tut sich auch etwas, das unangenehm ist. Was sich im Virtuellen Heiligtum tut, ist eine wichtige Sache, die wird auch angegriffen, es wird nicht immer angenehm für uns, das zu machen.

Christine: Wenn ein Kind krank wird, dann holt sich der liebe Gott etwas. Das tut der Mutter am meisten weh, aber der liebe Gott holt sich was.

Gerald: Das hat er 1000-prozentig vorgelebt, und das ist auch so ein Lebensgefühl geworden für uns. Wie heuer Sophie auf die Welt gekommen ist, und wir haben gesagt, wir machen nach zwei Wochen die Taufe in der Osternacht - da war uns schon klar, dass das keine zwei ruhigen Wochen werden. Und wir waren etliche Male im Spital in dieser Zeit: der Benni mit Gehirnerschütterung, ich fast mit einem gebrochen Fuß, und die Sophie mit Gelbsucht... Aber es hat uns nicht überrascht, weil es das war, was Pater Beller uns immer ganz unspektakulär vermittelt hat: Wenn die Gnade groß wird – Taufe in der Osternacht! – dann hebt die Gottesmutter ein bissl Gnadenkapital ab; dann braucht es diesen persönlichen Einsatz.

Gerald & Christine Karner
Foto aus der Zeit der ersten Begegnung mit P. Beller

Beruf: *Manager Industrie und Physiotherapeutin*
Familie: *Vier Kinder*
Wohnort: *Stetten (NÖ)*
Gemeinschaft: *Schönstatt-Familien*
Schönstatt Engagement: *Leitung Virtuelles Heiligtum*

Exkurs

Pater Josef Kentenich (1885 bis 1968), der Gründer der Schönstatt-Bewegung - die große Sehnsucht Pater Bellers war es, sich in jeder Lage an ihm zu orientieren.

Von ihm geht große Gewissheit aus

Pater Heinrich Walter

Wir wollten von Pater Beller wissen, wie er selbst sein Wirken charaktierisiert? Auf diese Frage hin holte er ein paar Zettel aus seinem Zimmer: Es war die Niederschrift einer Ansprache von Pater Heinrich Walter, seinem Oberen. Mit diesen Worten hatte er das Wirken Pater Bellers charakterisiert. Pater Beller hat sich diesen Worten voll und ganz angeschlossen und sie haben ihm viel bedeutet.

Es ist in diesen Tagen wenig Gewissheit in unserem Land und in unserer Kirche über das, was ein Priester ist, wofür er da ist, was seine Aufgabe ist. In den vielschichtigen Wandlungen, die wir erleben in der Gesellschaft, die ihre Wirkung auch in der Kirche hat, entsteht Ungewissheit; Ungewissheit nicht nur in der Kirche beim Volk, sondern Ungewissheit selbst unter den Priestern, wer sie eigentlich sind im Zueinander der verschiedenen Dienste in den Gemeinden und in der Kirche.

Wenn wir uns heute versammelt haben, um das 40. Jubiläum der Priesterweihe von Pater Beller zu begehen, dann

beschleicht uns diese Ungewissheit nicht, angesichts seiner Art, das Priestertum zu leben. Von ihm geht große Gewissheit aus, Sicherheit. Es hat so etwas, wenn er auftritt, von Wahrheit. Ich erinnere mich an die ersten Begegnungen mit ihm. Da war ich 17jährig bei den Jungmännern.
Diese markigen Sätze sind bis heute in Erinnerung. Er hat sie tradiert in seiner Art: „Ein Gruppenführer weiß, was er will und will, was er weiß und tut, was er will und weiß." Es ist nicht nur der Satz in sich, sondern es ist die Art, wie er das vermittelt, wie er dahinter steht, dass sich so etwas in die Seele einprägt und man das wahrscheinlich bis aufs Sterbebett nicht vergisst.

Ein Ruf in die Nähe Gottes

Welche Gewissheit zeigt uns Gott über den Priester? Dazu ein paar Überlegungen. Jede Berufung, nicht nur die des Priesters, beginnt mit dem Ruf, dass da jemand Gott sprechen hört. Es ist der Ruf in die Nähe Gottes, die Nähe Jesu, die Nähe der Muttergottes. Um in dieser Nähe reif zu werden, Christus zu repräsentieren, darzustellen. Das ist die Aufgabe der Priester, in seinem Namen zu reden und zu handeln, dann wirklich selbst eine „Christusgestalt" zu werden für die Menschen und Gemeinden und Gruppen, für die einer da ist. In dieser Spannung zwischen dem Ruf in die Nähe Gottes und der Sendung für die Menschen, für die Kirche, für die Gesellschaft, in dieser Spannung bewegt sich und reift ein Priesterleben. Ganz von Gott und bei Gott und ganz bei der Aufgabe und für die Menschen.
Was ist es, das unser Jubilar von dieser Christusgestalt sichtbar macht, uns nahe bringt? Es können nur ein paar Elemente sein, aus meiner persönlichen Perspektive. Es wird ja heute Nachmittag und heute Abend noch mehr dazu gesagt werden.

Nichts zu wissen außer dem Schönstattgeheimnis

Ich habe bei Paulus ein Wort gefunden, überhaut in der Gestalt des Paulus etwas gefunden, das wir mit ihm in Verbindung bringen können. Im 1. Korintherbrief schreibt er seiner Gemeinde: „Denn ich habe mich entschlossen, bei euch nichts zu wissen außer Jesus Christus." Das ist das markige Wort des Apostels, nichts zu wissen außer Jesus Christus. Das ist der Apostel, der mit seiner Unmissverständlichkeit und Klarheit und mit seiner letzten Bindung an dieses Christusgeheimnis so große Wirkung hatte. Die Botschaft des Paulus über Christus besitzt so viel Klarheit und Kraft bis in unsere Tage und in alle Zukunft. Es ist nicht nur diese Bezogenheit auf Jesus Christus, sondern es ist auch die präzise Beschreibung, wie das geht, mit dem Auferstandenen, mit dem Gekreuzigten zu leben, mit ihm das Leben zu gestalten und auch die präzise Beschreibung, wie Gemeinde geht, wenn wir die Briefe an die Gemeinden anschauen.

Und etwas davon, denke ich, hat unser Pater Beller, erleben wir in seinem Wirken. In diesem weiten Raum, da ist in ihm so etwas spürbar wie: „Denn ich habe mich entschlossen, bei euch nichts zu wissen außer dem Schönstattgeheimnis." Nichts zu wissen, außer Schönstatt und außer dem Gründer, der mit diesem Schönstattgeheimnis verwoben ist. Er lebt das und sagt das mit einer Wahrheit und Gewissheit, dass das einfach auf einen selber übergeht. Es ist sicher auch ein Geschenk, das ihm ins Herz und in die Hände gelegt wurde. Irgendwann muss ein Glaubensakt geschehen, ganz das eigene Leben dahinter zu stellen. Es hätte nicht die Wirkung, wenn es nicht mit innerer Ergriffenheit gelebt würde, dieses Schönstattgeheimnis, dieses nichts Wissen außer Schönstatt, außer Pater Kentenich.

Prophetischer Zeuge

Er ist ein prophetischer Zeuge für diesen Schönstättischen Weg, für die Größe des Gründers. Prophetisch deshalb, weil das so eindringlich kommt. Das kommt nicht als ein Angebot im Sinne von „Das könnte auch sein", sondern das ist in großer Eindringlichkeit seine Botschaft. Prophetisch des-halb, weil in dieser Art etwas zu verkündigen Lebenskraft steckt. Prophetisch auch deshalb, weil es provozierend kommt; und man hat durchaus den Eindruck, dass er Freude daran hat, auch etwas Provokation hervorzurufen.

Geheimnisvoll und genial

Prophetisch auch deshalb, weil etwas so geheimnisvoll Geniales dabei ist. Geheimnisvoll und genial, so die Mischung. Ich erinnere mich, wie wir früher als Jungmänner über ihn geredet haben. Er ist bei uns zwei-, dreimal aufgetaucht, samstags, sonntags. Und damit mussten wir ein Jahr lang leben. Wir hatten bei uns so das Wort: „Er kommt aus dem Berg Sion heraus, legt dann samstags, sonntags ein Feuer und dann geht er wieder in den Berg und lässt uns warten." Das ist so etwas geheimnisvoll Geniales, denn es hatte Wirkung, obwohl es nur ganz wenige Stunden und wenige Tage im Jahr waren. Ja, das ist nicht nur das Prophetische daran, es ist auch ein Zeugnis. Das Zeugnis geschieht durch jemand anderen, so wie Paulus für Jesus Christus steht. Und er steht für nichts, außer dem Gründer, dem Propheten Pater Kentenich.

Gib mir zwei Anteile!

Wir dürfen uns fragen: Wie entsteht so etwas? Das ist sicher bei ihm in früheren Jahren eine Erkenntnis als Theologe, in Pater Kentenich einen gefunden zu haben, der die Antwort gibt, an dem ich mich orientiere. Das geht aber nicht ohne die Entscheidung, mit Entschiedenheit sich an diesem einen zu orientieren. So ist er Zeuge für dieses Gründergeheimnis, aus dem eine Jüngerschaft entsteht.

Man kann sich im alten Testament umschauen, bei Elija und Elischa. Ich glaube auch vom Bild her passt das so ein bisschen zur Gestalt von Pater Beller mit diesem Prophetenmantel, der ihm übergeworfen wird. Und später dann wurde bei der Auffahrt von Elija in den Himmel noch eine Bitte geäußert von diesem Elischa: „Ich habe noch eine Bitte. Gib mir zwei Anteile. Einer ist nicht genug an diesem Prophetenmantel und an diesem Prophetentum." Und so höre ich auch diese Bitte, die er sicher dem Gründer gegenüber in seinen Begegnungen hatte, wenn er gelegentlich von seinen Begegnungen in Milwaukee erzählt.

Diese Bitte: „Gib mir zwei Anteile an deinem Prophetentum, um deine Sendung weiterführen zu können."

Bis zum Beweis des Gegenteils

Noch zwei Gedanken zum pastoralen Wirken, zur pastoralen Methode. Ich habe ihn immer wieder erlebt als einen, der dem Gründer auf den Finger schaut, nicht müde wurde, uns das nahe zu bringen, ihm auf die Finger zu schauen, wie er es gemacht hat. Nicht nur auf seine Worte, auf die auch, sondern auch auf die Art und Weise, auf die Methoden. Dieses genaue Hinschauen, dem Gründer auf die Finger schauen, das setzt eine Jüngerschaft voraus, eine gewisse Demut, beim Gründer immer neu zu lernen, immer noch mehr zu lernen und mehr herauszufinden. Und zuerst auch an seine Methode zu glauben bis zum Beweis des Gegenteils.

Sein Reden zeugt eigenständiges Leben

Ein Zweites fällt auf. Ich umschreibe es mal so: Sein Reden zeugt eigenständiges Leben. Es ist weniger das Wirken eines Hirten, weniger das eines Vaters. Er ist eher einer, der einen Lebenskeim einpflanzt, der von alleine weiterwächst. Es reicht, zwei-, dreimal im Jahr vorbeizukommen und nach dieser Pflanze zu schauen. Das ist ein Charisma, das nicht besonders viele Menschen haben, so etwas einzupflanzen als Keim, der von alleine wächst und Frucht trägt. Wir wissen, dass Pater Kentenich das genauso getan hat, dass er es wohl von ihm hat als Gabe. Er sprach von Lebensübertragung, von Lebensvorgängen, in die wir hineinwachsen und von denen wir getragen werden. Wenn etwas mit Gewissheit und Entschiedenheit verkündet wird, dann kann es auch eher weiterwachsen. Neben diesen zwölf Jahren als Bewegungsleiter von Deutschland erleben wir ihn auch als Pionier in Österreich, als Pionier in Ungarn oder in dem großen Projekt der Familienakademie, das inzwischen Ableger und Früchte bringt.

Im Prophetenmantel der Muttergottes geschützt

Und ein Letztes möchte ich sagen, wie er im Gottesdienst

eben begonnen hatte, als er von der großen Frau gesprochen hat. Ich denke, dass der Binnenraum, in dem dieses prophetische Zeugnis reift und wächst, die Ausstrahlung und die Wirkung der Gottesmutter ist, dass das ja ruhig auch der Prophetenmantel der Muttergottes ist, unter dem dann etwas reift und wächst. In diesem Prophetenmantel der Muttergottes geschützt und angeregt ist ja auch unser Gründer mit seinem Charisma groß geworden. Von ihr kommt ja auch dieses erste prophetische Zeugnis: „Was er sagt, das tut." Bei der Gottesmutter, bei Maria, da ist dieses priesterliche Charisma gereift. Und in der gleichen Weise, wie es Pater Kentenich selber erlebt hat, darf auch er leben. So dürfen wir, denke ich, zum Schluss dieses prophetische Wort, das Paulus gesagt hat, auch der Muttergottes in den Mund legen, die auch gerne das so sagen und sich Paulus anschließen würde: „Denn ich hatte mich entschlossen, bei euch nichts zu wissen, außer Jesus Christus." Amen.

Pater Heinrich Walter
Vorsitzender des Generalpräsidiums der internationalen Schönstatt-Bewegung
Ansprache zum 40-jährigen Priesterjubiläum von Pater Tilmann Beller am 29. Juni 2002

Schwester Elmengard wird von Pater Kentenich nach Österreich gesendet, um Schönstatt aufzubauen - sie gewinnt Pater Beller für die Zusammenarbeit. Zwei kongeniale Menschen bewirken gemeinsam Großes.

Prophet & Hirte
Von der Kraft der Ergänzung

Pater Beller war es bewusst, dass er einen Partner brauchte - für sein Wirken in Österreich war Schwester Elmengard (1923-2011) diese Ergänzung. 1972 kommt sie nach Österreich, persönlich von Pater Kentenich ausgewählt, um die Sendung ihres Lebens zu erfüllen: das Nest für die Schönstatt-Familie in Österreich zu bauen. Zwei Statements von Pater Beller über die Zusammenarbeit mit Schwester Elmengard.

Wir hatten ausgezeichnet zusammengearbeitet

Wo immer ich etwas gemacht habe, wo etwas daraus wurde, gab es jemanden, der es gemacht hat. Mich hat eine Szene sehr berührt, wo Oppenheimer von sich sagt, er wusste dass er zur Durchführung seiner Projekte andere Menschen brauchte. Damit habe ich gelebt. Ich wusste immer, dass ich zur Durchführung meiner Projekte andere brauchte – Vorsicht, das wusste ich maximal die letzten 20 Jahre (lacht), bis dahin habe ich immer gemeint, ich könne das doch selber auch.

Und ich kann immer sagen, wer der andere war, der es am Ende gemacht hat. Ich hatte und habe das Charisma des Propheten und nicht des Hirten. In einer der alten Schriften heißt es über den Propheten, den Wanderpropheten: Ein Wanderprophet, der länger als drei Tage bleibt, ist ein Lügenprophet. Der darf nicht bleiben und sich bewundern und füttern lassen, sondern: Kommen – reden – gehen. Das war für Leute in meiner nächsten Umgebung außerordentlich schwierig, mit mir zu arbeiten.

Sie war der Hirte - und ich war der Prophet

In Österreich war das Schwester Elmengard. Sie war am Ort, sie war der Hirte - und ich war der Prophet, ich kam und ging wieder. Der Hirte sorgt für den Nahkontakt. Der Prophet kommt und redet – und wenn da niemand ist, der das aufgreift und weiter arbeitet, dann löst sich das wieder auf.

Meine Arbeitsweise war immer das Wort - ich kam und habe etwas gesagt. Von den Gaben des Heiligen Geistes, die in der Heiligen Schrift beschrieben werden, etwa im Korintherbrief, hat mir der liebe Gott die Prophetengabe gegeben – es ist seine Gabe, nicht meine Heiligkeit. Prophetengabe, das heißt wenn ich rede, spricht der Geist aus mir, und das gleiche kleiner, die Gabe des Rates, das ist im Grunde eine Prophetengabe für die Einzelperson.

Schon in Stuttgart zusammengearbeitet

Ich hatte Schwester Elmengard in Stuttgart in meiner Zeit als Vikar - in Österreich sagt man Kaplan – kennengelernt, in den 1960er Jahren. Sie war die Oberin der Marienschwestern, da haben wir schon zusammengearbeitet.

Dann kam Schwester Elmengard nach Wien (1972). Das war ein Riesenprojekt. Sie hätte gerne gehabt, dass ich auch mit ihr nach Wien gegangen wäre, weil wir hatten ausgezeichnet zusammengearbeitet. Ich habe mich aber zurückgehalten - da war Stuttgart und Berlin und die ganze Mannesjugend, es war reichlich.

Dann war da eine Veranstaltung in Wien und Schwester El-

mengard wollte, dass ich hinkomme - ich habe jemanden anderen hingeschickt. Dann war noch etwas - da habe ich einen Führenden der Schönstatt-Mannesjugend hingeschickt. Dann hat die Schwester überlegt, wie sie das jetzt macht? Und da war dann eine ganze Brigade von Jungen, die wollten die Weihe machen. Da musste einer hin und die Weihe entgegennehmen – einer von der Schönstatt-Mannesjugend, der kompetent genug war, die Weihe entgegenzunehmen.
So hat sie mich weich gekriegt, so hat Schwester Elmengard mich dazu gebracht - so wie die Gottesmutter gleichsam Jesus gewonnen hat für das Wunder in Kana, das ist durchaus ein verwandter Vorgang. (lacht, fragt Ingeborg: „Bringen Sie Ihren Mann auch manchmal zu etwas?“ Ingeborg: „Grade das fürchtet er ja!“ Alle lachen.)

Beller, Pater Tilmann: Interview am 22. und 23. September 2012 in München zum Thema: „Wie haben Sie Bewegung aufgebaut?“

Stark und würdig

Wie Schwester Elmengard nach Österreich umgezogen ist, war ihr klar: Das Ideal der Schönstatt-Bewegung dort würde die Heilige Stadt sein. Ich erinnere mich gut, wir standen damals vor der Frage: Heißt das Ziel, das uns vorschwebt, Heilige Stadt oder Neue Stadt oder Stadt Gottes? Heilige Stadt war das Ungewohnteste, wer gut drauf war in der Seelsorge hätte das nicht gerade gewählt. Und die Schönstatt-Bewegung hat souverän Heilige Stadt gewählt. Und dreimal dürfen wir raten, wer dahinter gesteckt hat? So war es denn.

Ein göttlicher Plan
Entscheidend war – da war ein göttlicher Plan. Und da war jemand, der Zukunft der Kirche durchschaut hat. Damals hat das kaum jemand wahrgenommen, dass die Kirche um

uns herum zusammenbricht – aber das war ganz klar; vom Gründer übernommen ist das Wort: „Gott ist ein Gott des Lebens, wo er brechen und zerbrechen, wo er untergehen, wo er sterben lässt, will er neues Leben schaffen. Es muss eine herrliche neue Welt sein, die Gott aus diesem Sterben hervorgehen lassen will." Es geht also nicht um Reparatur, um ein wenig halt doch noch aufbauen, was da an Resten herumliegt. Und der Anfang von diesem Neuen, das ist die Heilige Stadt, das ist das Neue Sion. Und davon hat Schwester Elmengard geredet und dafür hat sie gelebt.

Sie hat kongeniale Kämpfernaturen an sich gezogen

Sie kam nach Österreich und da war noch keine Bewegung – was hat sie gemacht? Sie hat neu begonnen, Ärmel hoch und hinein ins volle Leben, so war es halt.

Sie hat da und da Leute gesucht. Und sie hatte ein Genie, hochqualifizierte Persönlichkeiten an sich zu ziehen, das war ungewöhnlich - sie hat kongeniale Kämpfernaturen an sich gezogen. Wir waren zu einer Audienz bei Erzbischof Jachym, einem der führenden Männer in der Diözese Wien, wirklich eine starke Figur – der hat sein ganzes Gespräch mit der Schwester Elmengard gemacht und mich einfach übersehen, das war wunderbar. Und dann hat sie mich eingesetzt für das Anliegen des Neuen Sion – immerhin war ich der Priester und der Chef und verantwortlich, aber sie hatte dieses Anliegen. Sie war eine Führerpersönlichkeit, die ein Ideal greift, von Gott her, das weit, weit in die Zukunft hinein führt.

Stark und würdig - eine Powerlady

Pater Kentenich sagt von der Muttergottes: Stark und würdig, schlicht und mild. Also stark und würdig war Schwester Elmengard bestimmt, sie war eine Powerlady, kann man gar nicht anders sagen. Die andere Seite, schlicht und mild – also man kann vieles von Schwester Elmengard sagen, aber das war sie nicht und das hat sie gewusst und Persönlichkeiten in ihre Nähe geholt, die schlicht und mild waren, sodass am Ende das Ganze war: Das Beseelende, das

Bergende, die Wärme und die Liebenswürdigkeit – und stark und würdig. Ich erinnere mich an einen Vorschlag von mir, wir sollten uns mal um eine bestimmte Personengruppe kümmern, da sagte sie: „Das ist noch nicht so weit.“ Dann war es auch für mich nicht so weit, sich mit ihr in solchen Dingen anzulegen war zwecklos, ich wollte es auch nicht, weil sie in solchen Dingen einfach besser war.
Und das war das wichtigste: die Schwester hat in einem ganz großen Maß mit dem Eingreifen Gottes gerechnet. Da blieb einem die Luft weg - sie hat einfach gerechnet, dass Gott durch sie und mit ihr handelt.

Beller, Pater Tilmann: Ansprache beim Begräbnis von Schwester M. Elmengard Pimpl, am 19. Jänner 2011 in Kösching

Glossar - Begriffe und Orte

Akademie: Kurzbegriff für Akademie für Familienpädagogik – Schönstatt am Kahlenberg, bietet eine 2-jährige Ausbildung zum Familientrainer in ganz Österreich und ist mittlerweile in einem halben Dutzend weiterer Länder verbreitet

FAB: Familie als Berufung, Zeitschrift der Schönstatt-Familien, mit einer Auflage von aktuell 8.000 bringt sie Anregungen aus Schönstatt in weite Kreise

Kapellchen bzw. Heiligtum: Bezeichnung zunächst für die ursprüngliche Kapelle am Ort Schönstatt (auch Ur-Heiligtum), später gibt es Filialheiligtümer, originale Nachbildungen in Verbindung mit Schönstatt-Bewegungen (mittlerweile etwa 200), und weltweit zehntausende Hausheiligtümer

Heilige Stadt: Ideal und Zielbild der Schönstatt-Bewegung in Österreich, inspiriert von der Heiligen Schrift (Apokalypse) und von Pater Josef Kentenich (auch Sionsstadt, das Neue Sion)

Himmelwärts: Gebete von Pater Josef Kentenich, verfasst im Konzentrationslager Dachau

Krug: Auf einen kleinen Zettel schreibt man den eigenen Beitrag (z.B. heute nicht zu rauchen) und die Bitte an die Gottesmutter, und wirft diesen in den Krug mit der Aufschrift „Sie haben keinen Wein mehr“ – der Krug erinnert an die Hochzeit zu Kana (Johannes-Evangelium)

Liga, Bund, Verband: bezeichnet die unterschiedlichen Gemeinschaftsformen, Liga ist die Zugehörigkeit zur Schönstatt-Bewegung, Bund und Verband sind intensivere Gemeinschaftsformen

MTA, Bild der Gottesmutter: Das Gnadenbild der Gottesmutter von Schönstatt verbunden mit besonderen Gnaden (Heimat – Wandlung – Sendung), sie hat auch den Ehrentitel „Mater Ter Admirabilis“ (Dreimal wunderbare Mutter)

Oktoberwoche: Jährliche Klausurtagung der Verantwortlichen der Schönstatt-Bewegung - der Gründungstag war der 18. Oktober 1914

Pater Josef Kentenich: Gründer der Schönstatt-Bewegung (1885-1968), deshalb auch Bezeichnung „Vater und Gründer"

Schönstatt: Katholische Erneuerungsbewegung, gegründet von Pater Josef Kentenich 1914, in Schönstatt am Rhein (Nähe Koblenz, Deutschland)

Schönstatt am Kahlenberg: Das Zentrum der Schönstatt-Bewegung in Österreich, geführt von Schönstätter Marienschwestern, bestehend aus Bildungshaus und Gnadenkapelle

St. Georg Kagran: Pfarrkirche in Kagran, einem Stadtteil Wiens, erste Heimat und Treffpunkt von Schönstatt in Wien (in den 1970er Jahren)

Tagung: Schönstatt-Tagung ist eine besondere Form einer einwöchigen geistlichen Tagung bzw. Exerzitien, von Pater Beller in besonderer Meisterschaft entwickelt – spannt den Bogen von den Zeichen der Zeit bis zur Botschaft Gottes im eigenen Leben

Vaterlesung: Geistliche Lesung aus den Texten des Vaters und Gründers Pater Josef Kentenich

Walterskirchen: Ort im Weinviertel, nördlich von Wien, wo der Schönstatt-Priester Pfarrer Johannes Kristof wirkte und wo sich v.a. die Schönstatt-Burschen häufig trafen

Mehr Information auch auf www.schoenstatt-lexikon.de oder www.wikipedia.org

Zeittafel

Eckdaten zum Leben von Pater Tilmann Beller

7. Juli 1938	Tilmann wird in Ehingen an der Donau, Deutschland, geboren. Vater Franz: bis 1953 in russ. Gefangenschaft, nach Rückkehr Familienrichter. Mutter Mathilde musste viele Jahre die drei Kinder alleine durchbringen: Beate, Tilmann und Albrecht. Nach der Heimkehr des Vaters zieht die Familie nach Ravensburg um.
Ab 1942	Ausbildung: Schule in Ehingen, Humanistisches Gymnasium in Ravensburg. Mit zehn Jahren findet er in Schönstatt-Burschengruppe. Er freundet sich mit andern Burschen an. Sie erfahren von Pater Josef Kentenichs kirchlichem Exil in Milwaukee, USA. Die Jugendlichen entdecken Schönstatt als ihre Berufung und Lebensaufgabe. Studium der Theologie in Tübingen, Auslandssemester in Innsbruck. Gemeinsam mit Peter Locher stellen sich die jungen Theologen 1956 P. Kentenich für die Gründung der neuen Gemeinschaft der Schönstatt-Patres zur Verfügung.
29. Juni 1962	Priesterweihe: Zunächst Diözesanpriester, später Übertritt in neugegründetes Institut der Schönstatt-Patres (1968). Besuch bei P. Kentenich in Milwaukee. Vikar in Friedrichshafen, Aalen u. Stuttgart. Erste Zusammenarbeit mit Sr. Elmengard.

Ab 1968	Hauptberuflicher Einsatz in der Schönstatt-Bewegung: Priesterlicher Leiter der männlichen Schönstatt-Jugend in Deutschland. Er wohnt zunächst in Schönstatt, dann in München. Aus dieser Zeit gehen viele Berufungen hervor.
3. Nov. 1973	Erstes „amtliches" Wirken von P. Beller in Österreich: Er nimmt die Weihe der ersten öst. Schönstatt-Burschengruppe entgegen. Ein Jahr davor war Sr. Elmengard nach Österreich übersiedelt und hatte begonnen, Pater Beller einzuladen. Ab nun kommt er besuchsweise, und dann immer öfter nach Österreich.
30. Mai 1976	Einweihung erstes MTA-Bildstöckchen am Kahlenberg. Die Schönstatt-Bewegung in Österreich wächst: Burschen, Mädchen, Frauen, Mütter, Familien, Studentinnen, usw. Die Suche nach einem Zuhause beginnt. 1978: erste Familientagung (Innsbruck). 1979: die Zeitschrift „Baustein" entsteht. 1980: Familie Godany zieht nach Ungarn.
11. Nov. 1980	Pf. Johannes Kristof verunglückt tödlich. 1981: Der Kaufvertrag für Zentrum „Schönstatt am Kahlenberg" wird unterschrieben.
2. März 1981	Pater Beller zieht nach Österreich um.
31. Okt. 1982	Einweihung des Heiligtums Schönstatt am Kahlenberg. Die Begegnung wächst in Tiefe und Breite. Berufungen entstehen: Schönstätter Marienschwestern, Schönstatt Priester, Institut der Schönstattfamilien, Schönstatt Familienbund, etc.

11. Nov. 1991	Die „Predigt vom Zitronenkern“: Ansprache an Verantwortliche der Familienbewegung in Wien: „Das Samenkorn muss wachsen - jetzt ist es Zeit!“ Starke Ausweitung: Die Sondernummer „Familie als Berufung“ verbreitet Familien-Know-how in ganz Österreich. Die Initiative Hausgespräche bringt Ehe- und Erziehungs-Kompetenz in weite Kreise. Die Akademie für Familienpädagogik, Schönstatt am Kahlenberg wird entwickelt und bildet bald Familientrainer in ganz Österreich aus. Auch die Schönstatt-Bewegung in Ungarn, für die Pater Beller Zeit seines Lebens da ist, erfährt eine starke Ausweitung.
Anf. Jän. 1992	Pater Beller erhält die Anfrage, für die Leitung der Schönstatt-Bewegung in Deutschland zu kandidieren und entscheidet sich dafür. Pater Beller verlässt Österreich und zieht an den Ursprungsort Schönstatt (D), als Leiter der Schönstatt-Bewegung. Pater Werner Kuller und Pater Elmar Busse beginnen ihr Wirken in Österreich. 2002 muss Pater Beller die Leitung in Deutschland aus Gesundheitsgründen zurücklegen.
2003 bis 2007	Pater Beller kehrt nochmals nach Österreich zurück. Neue Initiativen wie das Virtuelle Heiligtum entstehen.
ab 2007	Pater Beller wohnt in München, wo er am 20. Dezember 2012 in die Heilige Stadt heimgerufen wird.

Quellenverzeichnis

Interviews:

Baumgartner, OA Dr. Manuela und Prof. Dr. Helmut (Gespräch am 8. Februar 2014 in Wien)

Fellhofer, Ing. Herbert und Hilde (Gespräch am 13. Mai 2014 in Wien)

Freudensprung, KR Anton und Wiltrud (Gespräch am 13. April 2013 in Hinterbrühl)

Fuchs, MMag. Michael (Gespräch am 30. September 2013 in Wien)

Gódany, Róbert und Rita (Gespräch am 16. April 2014 in Óbudavár)

Karner, Dipl.-Ing. Gerald und Christine (Gespräch am 21. Mai 2014 in Stetten)

Mucha, Dr. Bernhard (Gespräch am 8. April 2014 in Biedermannsdorf)

Mucha, Dipl.-Ing. Bruno und Dipl.-Ing. Martina (Gespräch am 27. Jänner 2014 in Wien)

Riedl, Mag. Christiana (Gespräch am 3. Jänner 2014 in Wien)

Schröer, Ing. Helmut und Helga (Gespräch am 30. Oktober 2013 in Wien)

Seiser, Mag., Schwester Maria Margarita (Zeugnis bei Bündnisfeier am 18. März 2013 in Schönstatt am Kahlenberg)

Worte von Pater Tilmann Beller:

Beller, Pater Tilmann: Ansprache beim Begräbnis von Schwester M. Elmengard Pimpl, am 19. Jänner 2011 in Kösching

Beller, Pater Tilmann: Interview am 22. und 23. September 2012 in München zum Thema: „Wie haben Sie Bewegung aufgebaut?"

Beller, Pater Tilmann: Ansprache beim Trägerfamilientreffen im Haus Fellhofer am 11. Oktober 1991: „Ihr werdet meine Zeugen sein"

Biographisches:

Breitinger, Pater Theo: „Zum Gedenken an unseren verstorbenen Mitbauer Pater Tilmann Beller", Nachruf 2012

Locher, Pater Peter: „Meine Weggemeinschaft mit Pater Beller", Beitrag in FAB 1/2013

Beller, Pater Tilmann: Sämtliche Kalender (1968 bis 2012)

Vilches, Maria Elena, Susanne Leibrecht. P. Antonio Cosp, P. Elmar Busse, Renate und Christian Immler u.a.: „Wenn einer der ganz Großen geht", zusammengestellt von mda, veröffentlicht auf www.schoenstatt.org am 30. Dezember 2012

Weitere Quellen:

Chronik „Schönstatt in Österreich" Band I bis V (1972 bis 1988)

Chronik der Schönstatt-Familien" (1978 bis 1984 sowie 1990 bis 2002)

Walter, Pater Heinrich: Predigt zum 40-jährigen Priesterjubiläum von Pater Beller am 29. Juni 2002 in Schönstatt

Dank

Unser Dank gilt...

... unseren Interviewpartnern - für die Bereitschaft, über ihre Erfahrungen zu sprechen. Es wurden zwölf Beispiele von vielen, die möglich gewesen wären. Ihre Erfahrungen wurden möglichst nahe dem gesprochenen Wort belassen.

... unserem Freund Stefan für seinen großen Einsatz bei Fotoredaktion und Lektorat, und für manches ermutigende Gespräch. Wir danken Christl für das Co-Lektorat und dass sie ihre detaillierte Kenntnis der Historie sowie ihr Fotoarchiv zur Verfügung gestellt hat.

... unseren Marienschwestern, dass sie uns großzügig die einzigartigen Chronikbände zum Studium überlassen haben - und dass sie uns und anderen dieses Zuhause „Schönstatt am Kahlenberg“ bereiten. Wir danken Hilde und Herbert dass sie uns viel von ihrem Hintergrundwissen zur Verfügung gestellt haben und uns immer wieder ermutigt haben.

... unserem Vater im Himmel, der uns als Ehepaar - auch wenn es zeitlich oft eng war - große Freude an diesem gemeinsamen Buchschreiben geschenkt hat! Es hat Pater Beller immer gefreut, uns beide gemeinsam kreativ zu erleben - diese Freude hat uns Kraft und Inspiration gegeben.